人生を変える断《dan》捨《sha》離《ri》

やましたひでこ

ダイヤモンド社

1つ無用なモノを捨てると、1つ分だけ空間ができる
1つ余計なモノを捨てると、1つ分だけ負担が取り除かれる
1つムダなモノを捨てると、1つ分だけ爽やかさが甦《よみがえ》る
そして、人生が大きく変わっていく

はじめに　～断捨離《だんしゃり》とは、ただ捨てることにあらず～

「断捨離《だんしゃり》」が世の中でブームになって、8年が経ちました。
この間、多くの方々が、本やセミナーや講演会を通じてその方法論を知り、

モノを「断」ち、
ガラクタを「捨」てれば、
執着も「離」れていく

ということを体験されてきました。

もちろん、そのこと自体は、「断捨離」の提唱者である私にとっても大変嬉《うれ》しいことでした。この「たった3文字」が、多くの人びとを行動へと駆り立てたことへの驚嘆もありつつ、秘《ひそ》かに感じていた「静かな確信」は間違いではなかったのだ、という

安堵《あんど》も同時にあるような……。

ただ、こうして世間的に言葉の認知度が上がった今だからこそ、「断捨離したらモノが片づいてスッキリする」という理解だけで終わってしまう方が多いことに、「とても残念で、もったいない！」という気持ちがふつふつと湧いてくるのです。

なぜなら、断捨離の醍醐《だいごみ》味は、そこではないのですから。

モノの片づけは、あくまで「断捨離」の入口にしかすぎません。

クローゼットや食器棚や冷蔵庫に詰まっている不要なモノ、生活空間に乱雑に堆積しているガラクタとは、自分にとって不要な観念や、自分を責めたり否定したりするマイナスの思考・感情の証拠品でもあります。ですから、そういったモノを手放すことは、自分自身を、自分の人生を解放することに繋《つな》がります。

その結果、私たちは、**「高い視点・広い視野・深い洞察」、つまり俯瞰《ふかんてき》的な思考を獲得することができます。本当の意味で「自在＝あるがままでいられて自然」な状態で生きられるのです。そして、そこには〝ごきげん〟なあなたがきっといるはず。**

そのプロセスは本文で詳しく紹介していきますが、**「断捨離」が目指すのは、こうした「ごきげんな生き方」です。**

「ごきげん」……いい響きですよね？　人生においてどんなに難しい課題に取り組んでいようが、仕事で悩ましい問題を抱えていようが、まずは自分の心の天気を「晴れ」にしておくこと。自ら好んで、太陽を見えなくするような雲を生み出し、放置している私たちが、そんな心を「晴れ」にしておける術《すべ》を知ることができたら、どんなにか人生は明るく愉《たの》しいものになります。

断捨離が説くのは、いかにその雲を発生させないか、あるいはすでにできてしまった雲をいかに自らの手で取り払うか、です。

世の中にはすでに、成功や幸せを獲得するためのさまざまな方法が言葉を尽くして表現されていますが、断捨離では、そうした成功や幸せの獲得以前の「ごきげん」へアプローチしていきます。

いかに自分で自分のごきげんをとるか？　それを、ただの心がけではなく、可視化されたモノという物体を通じて体得していくのです。

ですから、**「断捨離」は単なるモノの片づけではありません。そこには、人生を大きくブラッシュアップする力があるのです。**

そうしたことを改めて意識しながら、これまでの集大成の意味を込めて本書をまとめました。「言葉は知っているけど断捨離の意味はよくわからない」という方はもちろん、「モノの断捨離はわかったけれど、それ以上のことは知らない」という方には、改めてモノの手放し方を復習しながら「断捨離」の持つ底知れぬパワーを実感していただけたらと思います。

これを踏まえ、今改めて、皆さんは「断捨離」という言葉にどういうイメージを持っているでしょうか？　おそらく、世間的には、

断捨離＝モノの片づけ

という印象が強いかもしれません。あるいは、

「捨てる」には忍びないモノも思い切って手放して、スッキリすること

という感覚で使う人も少なくありません。「捨てる」に代わる、こうした語感の言葉が今までになく、その空席に「断捨離」はスッポリはまった、という面もあるかもしれません。しかし、私がずっと抱き続けてきた思いは、次のようなものです。

「単なるモノの片づけでも、捨てることでもなく、閉塞《へいそく》感いっぱいの人生に〝流れ〟を甦らせるもの」

これは、私だけでなく、断捨離を実践することで、空間はもちろん、仕事や人間関係、さらには人生までもがダイナミックに変化する体験をした全ての人に共通する思いです。本書のタイトルでもある『人生を変える断捨離』とは、そんな変化の体現者たちの正直な実感でもあります。

では、なぜ断捨離に、そこまでの底知れぬパワーがあるのか？

最近になって、その本質を表すたった2文字の言葉に行き当たりました。これこそが、本書を書く動機となった言葉です。それは、拍子抜けするほどシンプルです。

「出す」

「捨てる」ほどの苦渋はにじまず、「手放す」ほど美しい響きはありません。

ただシンプルに、ニュートラルに、ごく自然な営《いとな》みとして「出す」。


断捨離とは「出す」美学なのです。


これは、人間のカラダに例えると、わかりやすいでしょう。

私たちは、食べ物を食べて便が出ない状態が続くと、いかに苦しいかを知っています。いわゆる便秘状態です。何かを摂《と》り入れたら、消化し、エネルギーを吸収して排《はい》泄《せっ》するのが生命の「新陳代謝」という原理原則です。

新陳代謝、すなわち「生命のメカニズム」です。

入れたら、出る

出るから、入る
そして、出す

こんなシンプルなメカニズムが、

- **人生を左右する**
- **〝人生の新陳代謝〟を向上させる**
- **本来の生き方を取り戻して、さらなる飛躍を促す**

といったパワーを持っているのです。もちろん、それが、転職、結婚、離婚、再婚、出産、引っ越しなど、どういう形で表れるかは、人それぞれです。

思えば、私たちの暮らしは、これまで「足し算」の連続でした。情報に振り回されてモノを取り入れてきた数十年。しかし、それらのモノは、歳月とともに、物理的にも精神的にも過剰になり、今や自らを混乱させているのです。

さらに、そこに提供されてきたメソッドといえば、多くのモノを詰め込んで保存・保管することを優先する、「収納術」や「整理術」しかありませんでした。現代社会に生きる私たちは、あらゆる場所や次元で、こうした「収納的発想」のために〝ムダ〟や〝過剰〟や〝惰性〟に喘《あえ》いでいるような気がしてなりません。

住まいの環境も、仕事の現場も、人生も、相似形です。
そして、住まいも、カラダも、ココロも、相似形です。

今でこそ、「少ないモノで暮らそう」という提案もあり、捨てる・減らす効用を意識する人は増えてきましたが、それでもまだ多くの人が、「とりあえず取っておこう」という「収納」の呪縛から抜け出せずに苦しんでいるのです。

一方で、「断捨離」とは、ひたすらモノを絞り込んでいく**引き算の解決法**です。
「断つ」も「捨てる」も「離れる」も、全て引き算の言葉です。
これまで本能的に、反射的に、モノを取り入れたり、溜《た》め込んだりすることに躍起になっていた私たちは、今こそ意識的に「引き算」をすることが必要。

ただし「断捨離」は、それ自体が目的ではありません。

断捨離を進めることで結果的にモノが少ない状態にこそなりますが、**「出るから、入る」「入ったら、出す」の繰り返しこそが肝心であり、「出す」と同様に「入れる」ことが同じくらい重要である**ことも、あえて強調しておきます。


本書は、シンプルライフの提案でもなく、片づけ指南でもありません。

私たちが長年抱き続けている〝モノに対する価値観〟に揺さぶりをかけることで、行動を促し、暮らしを新陳代謝させ、人生に変容を呼び起こすことを、最大の目的としています。

さあ、あなたもご一緒に、もっと断捨離を。

2018年2月

やました ひでこ

断×捨＝離

「断」と「捨」の繰り返し

Diet
ダイエット
うかつにモノを取り入れない
妥協せず

Detox
デトックス
モノを手放す
固執せず

Metabolism
メタボリズム
モノ・コト・ヒトが
循環・代謝している
最適化

断捨離とは、心の執着を手放すためのヨガの行法哲学「断行・捨行・離行」から着想を得て、ヨガを日常に落とし込み、住まいとココロの片づけ術として応用提唱したものです。モノを“ダイエット”し、不要なモノを“デトックス”することで、住まいに新陳代謝が促されます。住まいに溢れる過剰なモノを「出す」ことで、住環境に「巡り」を取り戻していきます。

目次　人生を変える断捨離

第1章 だから、あなたは捨てられない

第2章 これが断捨離のメカニズム

第3章

断捨離が人生を変える

第4章 断捨離で「ごきげん」に生きる

第 1 章

だから、あなたは捨てられない

「モノに溢《あふ》れた社会」に生きている私たち。
まず、そのことを再認識した上で、
自分の“捨てられない”心理を知り、
モノに対する価値観を見つめ直し、
断捨離をスタートさせる助走をつけていきます。

ヘドロだらけの溜め池で動けないナマズ

断捨離では、私たちがモノで溢れた社会の中で「片づかない……」と嘆きながら暮らしている状況を、魚になぞらえて次のように表現します。

清流に棲《す》み、俊敏に泳ぐことができるアユが、ヘドロだらけの溜《た》め池で動かないナマズになっている。

イメージしてみましょう。入口と出口はあるけれど、モノやガラクタでいっぱいになっている溜め池に棲んでいる自分を。

「お得ですよ」「貴重ですよ」「あると便利ですよ」「ないと困りますよ」といった甘いささやきに誘われて手に入れてしまった、住まいにはびこる大量のモノたち。

池に住む私たちは、「消費社会」という大きな川の流れからモノを取り入れています。ところが、池の入口で機能すべき「断」のバルブは緩んだままなのに、出口で機能すべき「捨」のバルブは、「もったいない」「面倒くさい」「いつか使うかも」の意識が邪魔をして、開かないままなのです。

すると当然、適度に水の循環があるべき池は、淀《よど》んだ「溜め池」となり、気づけば「ドブ池」「ヘドロ沼」のようになってしまいます。

つまり、今の私たちの住まいは、ヘドロ沼に等しい状態になっているのです。

これはカラダに例えるならば、**代謝が落ちて体内に毒素が溜まりきった状態**です。

加齢とともに、あるいは生活習慣の乱れによって、皮膚に、血管に、内臓に、老廃物が少しずつ溜まっていきます。

それらの老廃物が、いつしか「未病（病気と言うほどではないけれど、病気に向かいつつある状態）」を引き起こし、やがては病気として発症していくのです。しかも、はっきりした症状が現れるまで、老廃物を認識することすら難しい。

入口は開いて出口は閉じた"溜め池"に住む私たち

私は以前、まさにそれを実感したことがあります。

タイで「ファスティング(断食)&デトックス(毒素排出)療法」を受けた時のことです。口から、皮膚から、内臓から、とさまざまな「デトックス=捨」の施術を受けたのですが、参加者全員が、たった1日で体重が2〜3kgも減ったのです。

ふだんは中が見えない押入れに大量のモノが押し込まれているのと同じように、体内にも、日々の代謝では出し切れないヘドロ水のような老廃物が溜まっていることを目の当たりにしたのです。

それを出し切った時の、あの爽快感は今でも忘れられません。

カラダの場合はこのように、排泄《はいせつ》作用を外側から促し、自然のメカニズムに委ねることができますが、家の中のモノは、自分でカラダを動かし、自力でモノを運び出すしかありません。しかも、未病や病気というボーダーラインもありません。

ですから、自分では当たり前と思っている物量であっても、じつは〝病気〟に等しい状態になっていることもあります。しかも、1日どころか1週間かかっても、処分しきれる量ではないことがほとんどです。

家の中のヘドロは、自分でかき回さなければ見えません。つまり、押入れを開け、引き出しを開けて、モノを取り出さないかぎり気には障りません。

ナマズが上澄みのところでじっとしているように、収納を開けたり、堆積しているガラクタを掘り起こすことなくじっとしていれば、そのまま差し支えなく暮らすことができてしまいます。

と同時に、どこかで、

かき回すとせっかくの上澄みがヘドロだらけになってしまうのではないか？

という心配も抱えています。

せっかく片づけ始めたというのに、家族から「余計に散らかる！」と苦情を言われ、諍《いさか》いが起きて作業が進まない。そんな状況を、何度繰り返してきたことでしょう。

そして、自分がヘドロ沼の中にいることに気づかないまま、今の暮らしに、慣れきってしまう。

その結果が、今あなたが住んでいる「ヘドロが堆積した溜め池」なのです。

私たちは「モノが勝手に入ってくる社会」に生きている

そんな現状を目の当たりにすると、つい自分を責めたくもなりますが、そもそも、社会的な要因も大きいのです。

私たちがモノを溜め込む要因、捨てられない要因には、次の3つが挙げられます。

・消費社会における圧倒的な物量

モノが生産されすぎ、流通されすぎているという物理的な要因。

・健全な住空間への考察不足

インテリアや収納についての知識や情報は豊富なのに、自分が快適に暮らすための適正な物量がどれくらいなのか、という考察が不十分。

●前時代的価値観

ライフスタイルもモノの生産量もかつてとは違うのに、「もったいない」「モノを粗末にしてはいけない」といった、親やその上の世代から植え付けられた価値観を引きずってしまう、観念的な要因。

消費社会では、私たちにモノを買わせる研究に余念がありません。通販番組に、ダイレクトメールに、セール品に、〝ない需要〟まで掘り起こされてしまい、あたかも以前から欲しかったような気にさせられてしまうのです。

もちろん、最終的にそれを取り入れるのは私たち自身ですから、私たちにも責任はあるのですが、油断していれば、どうしたって「入口」のバルブは緩みがちになり、気づけば、クローゼットが、洗面台下が、押入れが、いえ床までも、モノで溢れてしまうことになるのです。

「片づかない…」の根底にある根深い「モノ軸」思考

私たちは、前項の3つの要因によってモノに悩まされているわけですが、じつは、その根底に、もっと本質的な原因があるのです。

それは、人類共通の原因です。

私たちは有史以来、モノが貴重である時代が長かったため、ずっと**「モノ軸」思考**であり続けてきたのです。

ある地質学者の分析によると、人類がこの世に生み出してきた人工物の総量は、住宅や道路などからスマホ1つに至るまで、なんと30兆トン。じつに天文学的とも言える数字。しかもそのほとんどが、20世紀を迎えてから生み出されたと言います。そして、それ以前の長い時代、人びとは圧倒的なモノ不足の中で生きてきたのです。

それゆえ、私たちはモノを前にした時に**「必要か?」ではなく、モノ自体に焦点を**

合わせた「使えるか？」の観点で取捨選択してしまう思考の癖があります。これが「モノ軸」思考。その結果、壊れていなければ（あるいは、壊れていても）、「とりあえず」「せっかくだから」取っておくという行動になってしまうのです。

以前、ある若き哲学者から「そもそも私たち人間は、〝有効性〟は考えるけれど、有効性以前の〝必要性〟を考えない傾向がある」と教えられたことがありますが、同じことはモノにも言えます。つまり、「（おそらく）**将来的に使う必要もないのに、まだ使えるから取っておく**」のです。

人びとは、そんな「モノ軸」思考を引きずったまま、かつて想定し得なかったようなモノ溢れの時代に突入したのです。約５００万年の歴史がある人類は、今や未曾有の大変化の波に飲み込まれていると言っても過言ではありません。その結果、個人の住まいにおいては〝化石〟と化した香典返しのタオルセットや、あることさえ忘れているコタツ一式や、子どもが小さい時に使ったきりのキャンプセットなどを、押入れに閉じ込めたまま死蔵しているのです。それでいながら、「家が狭い」「探し物が見つからない」と不平と不満を溜めている。これが今の私たちの、モノ溢れの住まいの現状なのです。

「イライラ」を通り越して「ウツウツ」している私たち

私が断捨離を世間に発信し始めた15年ほど前、セミナーを受講される方々は、皆さんイライラしていました。

「子どもは散らかすし、夫は片づけてくれないし、いつも私ばっかり！」

「やってもやっても片づかなくて、やりきれない！」

と怒っていました（実際には、ご本人が溜め込みの原因だったりするのですが）。

ところが最近のセミナーでは、皆さんがウツウツとしているのです。まとっている空気は重く、表情も乏しい方がほとんど。

正直なところ、15年前の方々のように、怒っているほうがまだマシかもしれません。

なぜなら、感情を表に出すことで、ある意味、発散できているのですから。

そして、子どもたちも夫も、母親（妻）が怒っていたら、「あ、機嫌が悪そうだな」「今は関わらないでおこう」といったん逃げ、嵐が収まったところで同じテーブルにつけば、生活は続けられました。

ところが、**ウツウツ、鬱屈《うっくつ》状態だと、家族全員が母親（妻）の負の磁力に引っ張られ、みんなが同じような状態になってしまうのです。**

家の中はモノでいっぱい。モノの圧迫感、空間の閉塞感にじわじわと絡め取られ、全員が思考停止してしまいます。こうした家で、家族が引きこもりやうつに近い状態に陥っているケースを数限りなく見てきました。

世間の関心も高まっているようで、ここ数年、テレビや雑誌の取材でこうした家の片づけに立ち会う機会がぐんと増えました。

本当に、現場は想像以上に凄《すさ》まじいのです。

ひと頃、メディアでよく「ゴミ屋敷」が取り上げられていましたが、それとは違います。ごく普通の3〜4人家族の家。中には、築1〜2年の新築マイホームのケースもあるのですが、一歩玄関に足を踏み入れたところから、夥《おびただ》しいモノの量に圧倒され

家中、こんなふうにモノが溢れていませんか？

冷蔵庫

全ての棚に食材が押し込まれ、照明が全体を照らしきれないほどの状態。

キッチンカウンター

「調理した食事の受け渡しの場」という、本来の機能を果たせないまま、煩雑な物置空間に成り果てている。

壁面大収納

天井まで圧迫するかのような物量。世間では「壁面大収納」が喧伝されるが、実際には、空間をモノで封じ込めているケースが多い。

洗面台

鏡面の収納扉に収まりきらない量の衛生用品。コード類だけでなく、住む人の思考も動線も混線してしまう。

ます。

本人たちには、すでに日常の光景のようになってしまっているのですが、玄関の傘立てに同じようなビニール傘や折りたたみ傘が20本もギッチギチに収まっている、などというのはザラです。キッチンの引き出しには、使う機会のないまま漫然と詰め込まれたキッチンツールや、割り箸や使い捨てのスプーン、ラップやビニール袋などが収納率200％の状態で溢れ詰まっています。

たしかに、どれもまだ使えるのかもしれませんが、将来的に必要かどうかを問い直すこともなく詰め込まれた大量のモノたち。

また、一見きれいに片づいているように見える家でも、収納扉を開けると、ものすごい量のモノが詰まっていることがほとんどです。しかも、そこに何が収まっているのか、本人たちにもわからない。それは、扉を閉めてしまえば最後、見えなければとりあえずやり過ごすことができてしまうから。「溜め込む」状態を軽く飛び越え、収納すらできない「モノ詰まり」の状況です。

でも、そんな家でも、ささいなきっかけで断捨離が始まった事例をご紹介します。

体験談1

自分自身の気づきで「片づけスイッチ」が入った

テレビの片づけ取材で伺った、70代の千恵さん（仮名）夫婦。

「まず、打ち合わせを」と招かれたリビングは、収納がまるで機能せず、モノで溢れ返っていました。テーブルには、文房具、調味料、湯呑《ゆの》み、新聞、リモコン……が所狭しと置かれ、床には、手作り好きの千恵さんが集めた、こまごまとした雑貨類、料理器具、密閉容器などが雑然と堆積しています。

夫のモノも少なくありません。とくに趣味の釣り道具。使いこなせる量を遥《はる》かに超えた釣り竿が、部屋の片隅に乱雑に立てかけられています。

テレビ取材では度々あるのですが、まず始まったのは、饒舌《じょうぜつ》すぎるほどの千恵さんの言い訳です。「忙しいから」「疲れているから」「あれもこれも必要だから」……取材に応募したのは千恵さん本人なのですが、大変な警戒心。

一方、夫は、だんまりを決め込んでいます。腕組みして座っている様子は、まるで「オレは捨てないからな。なんでも捨てりゃいいってもんじゃない」と言わんばかり。

こういう場面では、私はあえて「片づけ指南」はしません。では、何をするか？黙って話を聞くだけです。捨てられない言い訳に「そうですか」「そうなんですね」と相づちを打つだけ。こんなやり取りが数時間続いた時、私は言いました。「取っておきたければ、捨てなくたっていいんですよ」と。

すると千恵さんは、いきなり、そばにあった10個以上のウチワを手に取って「こんなに要りませんよね」と捨て始めたのです。プラスチックのウチワをごそっと捨て、竹でできた質のよいウチワを3枚だけ残しました。すると今度は、夫がゴミ袋を取り出して「こんなにいらねえな」と自分の釣りグッズを捨て始めたのです。しかも、後日の頑張りもすごかった。

キッチンの棚には、千恵さんの手作り料理を保存する大量の容器が積み重なっていましたが、私は「これを捨てるのはハードルが高いな」と判断し、あまり話題にしませんでした。ただひと言、「落下の危険性がありますね」と伝えたのです。

するとどうでしょう。10日後に伺ったら、山のようにあった保存容器が半減していたのです。それは私にとっても思いがけない変化。「千恵さん、すごい！」

と思わず褒めてしまいました。

片づけ指南は一切していないのに、なぜ千恵さん夫婦が片づけだしたのか？

当初は、私という抵抗勢力の登場で警戒していたのですが、心が徐々にほぐれてきた時、「あ！　自分は言い訳ばかりしている！」と気づいたそうです。

これが、千恵さんのターニングポイントになりました。


断捨離では、他人から正論でたしなめられるのではなく、自分自身で気づくことが大事。なぜなら、本当の答えは自分が知っているのですから。

大量の保存容器を手放せたAさんを私がねぎらったように、実践した自分を「よくやった！」と大いに褒めるのも大事なことです。

そうやって、自分を責める気持ちを意図的に外していくと「本当は、今のままでいいわけじゃないんだ」「自分は変わりたいんだ」という気持ちにもどんどん素直になって、実践を後押しする追い風となっていくのです。

この好循環が、断捨離をグンと加速させるのです。

モノではなく、空間を重視する断捨離

断捨離では、「空間軸」という、空間を主体とした思考を重視しています。
つまり、「多すぎるから捨てる」「不要だから捨てる」のも間違いではないのですが、それ以前に、「空間を美しく保つためにモノを最適量に絞り込む」という考え方です。この発想は断捨離を実践する上で欠かせないポイントです。
断捨離は「暮らしの新陳代謝」です。モノが適量に絞り込まれ、自分と生きた関係性にあるモノが、適度なタイミングで入れ替わっていく状態こそが理想形であり、本来の自然な有様。その状態とは、ゆとりある美的空間でもあります。
ところが、「モノ軸」でばかり考えていたら、「まだ使える」となりますから、捨てる正当性などどこにも見えてこないのです。

こうした「モノ軸」思考への警鐘を鳴らしている私ですが、正直に告白すると、今でもときどき「モノ軸」思考に陥ってしまうことがあります。

先日、海外出張でお世話になった知人にお土産をもらったのですが、それが入っていたのは、鮮やかな布張りの凝ったデザインの箱。あまりに手の込んだ作りに、思わず私はクローゼットにしまい込んでしまいました。

ところが数日後、我に返ってびっくり。ブランド品を買った時のペーパーバッグが捨てられずに山ほど溜まってしまう、というのは誰もがやってしまうことですが、それと同じ行動を私も取ってしまったのです。

もちろん、箱や袋の多少のストックはあってもいいと思いますが、その時の私は、そこまで思考していないのです。「手の込んだ作りの箱↓取っておく」といった、まるで条件反射のような行動でした。

その箱を値段に換算すれば、数百円程度のものだと思います。それでも、「必要ないから始末しよう」という思考にはならず、当然のように箱を抱えてクローゼットに向かったのです。

モノには、見えない〝接着剤〟が付いているのかもしれません。

「使いそうにないから、要らない」と即座には捨てられず、捨てようとしても、どこか重たい感じがする――それは、心理的な重さであり、「執着」という名の接着剤なのです。単なる、モノに対する固着です。

住まいに占める収納の割合を家賃に換算する人がいますが、こうした使いもしないモノを、何年、何十年も取っておくとすれば、そのモノの価値と比較して頭がクラクラするような金額になります。けれど、私たちはそんな換算の合理性に簡単には同意しないもの。

こういう傾向が表れやすいのが、トイレットペーパーやラップ類などのストック品の数々。決して高価なものでなく、値段に換算したら大したことはない、でも日常生活で〝いつか必ず使うであろう〟モノが、いっぱい溜め込まれ、収納空間を埋め尽くしているのです。

家の中と外で自分にギャップのある辛さ

クローゼットに押し込められた、もはや着ることのない服の数々。テレビドラマの大奥の世界ではありませんが、「まるで御渡《おわた》りのない側室のようだ」と表現した方がいて、言い得て妙だと思ったことがありましたが、まさに「他の服ばかり着て、私はいつまで待ちぼうけ？」という服の嘆きが聞こえてくる状態。

別の言い方をすると、**「着ることのない服」は持ち主との関係性において「不活性エネルギー」を発しているようなものです。**

そして、パンパンなクローゼットからひたひたと流れ出す不活性エネルギーに満ちた空気を吸っていれば、当然、持ち主までもドヨーンとなります。そんな不活性エネルギーが蔓延《まんえん》している家に住む人に限って、長い時間、家にいたくなくなります。

すさみ淀んだ部屋に悩んでいる人に多いのが、外ではバリバリ働いている高いキャリアを持った女性。**外では高い評価を受けているのに、家に帰ると空間がグチャグチャというギャップに苛《さいな》まれています。**外出時の持ちモノは高級ブランドばかりだけれど、部屋は大量のモノでスラム化。そんな、笑えない笑い話もたくさんあります。

「こんな部屋、誰にも見せられない……」と思うあまり、「4年に1度のガスの定期点検にさえ居留守を使ってしまった」とか、「友達が急に来ることになったので散らかっているものを全部バスタブに詰め込んでフタをした」という話も聞きます。

でも、そんな行動は本人にとってもすごく辛いはず。

あるいは、住まいが片づかない現実からの逃避で、スピリチュアルの世界にハマってしまう人も少なくありません。

「愛」「光」「浄化」といった耳触りのいい言葉に弱く、そうした世界に身を置くことで自己肯定感を高めようとするのですが、そうなると、ますます現実を放り出して、見たいものしか見えなくなるわけで、まるで幻影の世界に生きているようです。

でも、断捨離することで、そういう世界から脱け出した方の事例をご紹介します。

体験談2

汚部屋を解消したら、運命のパートナーが現れた

洋子さん（仮名）は、表向きは、キャリアウーマンとしてバリバリ働き、元気で快活な30代女性といった印象です。

ところが、自宅は目も当てられないほどの汚部屋ぶり。仕事で使う大量の資料が溢れかえり、引っ越して以来、閉めたままの段ボールが放置され、ベッドサイドには、秘《ひそ》かにハマり込んでいる占いやスピリチュアルの本がぎっしり。

付き合う相手は、常に年上で社会的地位の高い男性。ただし既婚者ばかり。住まいと恋愛模様は「人に言えない」という点で共通しています。

ずっと、「いつか片づける」と思いつつも、いざ家に帰ると、重たい磁場に引っ張られて身動きも取れないまま、お酒を呑み、タバコを吸い、閉め切った部屋には煙がもうもうと立ち込めて……「今思うとアヘン窟での生活のようでした」と語る洋子さん。

ところが、ある日、転機が訪れます。

友人に誘われて行ったセミナーで断捨離を知り、洋子さんはすぐに「モノを捨て、快適な生活空間を作り出すことが、人生を変えることにつながる」ことを理解したのです。外側では快活そのものなのに、内側では深い悩みを抱え、人知れずゴミ溜めのような家に暮らしている自分の状況とリンクしたからです。

そこで洋子さんは、約3ヶ月かけてガラクタを手放していきました。その量、2トントラック1台分。

それから間もなくのこと。それまでお付き合いしていた人とは真逆の、同世代の爽やかな青年と出会い、ごく自然に「家に遊びに来て」という流れに。

部屋に入った彼はすぐ、無意識のうちに、なんと靴下を脱ぎました。それまで誰も入れられなかった部屋で、彼はごく自然にくつろいで、居心地よさそうにしていたのです。その後、2人はすぐに結婚をし、子どもにも恵まれ、今や彼女は、キャリアを捨てて地方でのんびりと子育て中です。

洋子さんが大量のモノを手放すことで入って来たのは、〝素の自分〟に合ったパートナーとの愉快《ゆかい》な暮らしだったのです。

「捨てられない人」には3タイプある

ここまで、私たちがいかに「モノの量」に悩まされているか？　その根底にはどんな心理があるか？　を探ってきましたが、ここからは、もう少し詳しく「捨てられない」心理を見ていきます。モノの量と向き合ったら、今度は自分の心理と向き合いましょう。

長年、モノと人との関わりを見続けてきて、「捨てられない……」と嘆く人のタイプには、次の3つがあることがわかってきました。

・**現実逃避型**…多忙で家にいる時間が少ないため、当然、家のメンテナンスは先送りのタイプ。家が散らかっているので、なおさらに家にいたくないという悪循環に陥っている。

- **過去執着型**…昔のアルバムや手紙など過去の遺物や記念の品を大事に取っておくタイプ。現実に目を向けたくないと同時に、かつての幸せな頃へのこだわりが隠されている。
- **未来不安型**…「ないと困る」「なくなると心配」など、いつか起こるかもしれない未来への不安要素に投資するタイプ。3タイプの中でいちばん多いタイプがこれ。

これらに共通しているのは、**時間に対する意識が希薄**ということです。

人それぞれに時間の感じ方は異なるものですが、時としてバランスが大きく崩れ、時間軸がずれていってしまうのが私たちです。

また、「3タイプあります」と言うと、あたかも3タイプにくっきり分かれるかのように思われがちですが、どれかの傾向が強いということは多少あるものの、**この3つの要素は誰の心の中にでも混在しています。**

ですから、「自分は3つのうち、どの傾向が強いか」を理解しておくと、自己理解が深まり、断捨離に取り掛かりやすくなります。

「捨てられない…」人には3タイプある

現実逃避型

忙しくて家にいる時間が短いために、片づけに向き合えないタイプ。家庭に不満があって家にいたくないから忙しくしている、という場合も多い。また、家が散らかっているので余計にいたくないという悪循環にも陥りがち。ところが、いざ捨てだすと、モノ自体にはさほど執着がないため迷いがない。

過去執着型

今は使っていない過去の遺物を取っておくタイプ。アルバムやトロフィーなどを後生大事に保管。あるいは、手紙や写真など日常的な思い出グッズも含む。かつての幸せな時代へのこだわりが隠されていることが多い。現実に目を向けたくないという意味では現実逃避型と絡む。

未来不安型

未来に起こるであろうことに対する不安を解消するために投資するタイプ。「ないと困る」「なくなると不安」にフォーカスを当てて、ティッシュペーパーなどの日用品を過剰にストックする。この性質が適切に働けばいいのだが、過剰になると日常が不安一色になる。

「捨てる」と「棄てる」は違う

「過去執着型」タイプの人の口ぐせは「もったいない」です。モノを惜しむ気持ちを表す言葉でもありますが、モノを捨てることを回避するための免罪符として使われることが多々あります。

私たちがふだん何気なく使う「すてる」という言葉には、2つの漢字があります。

「捨てる」「棄てる」

仏教用語に「喜捨（寺社や貧者に金品を寄付すること）」という言葉があるように、「捨」には「ほどこし」の意味があります。つまり、自分の所では活かすことができないので、別の場所で生き返らせる、ということ。

リサイクルやリユースのイメージもありますが、大きな視点で見れば、焼却処分したものであっても、しかるべきルールを守って、きちんと始末したのなら、そのモノは物質としての形は変えながらも循環していきます。

一方の「棄」は、「廃棄」の「棄」です。

物体としてそのまま、見向きもされず打ち棄てられているイメージ。「不法投棄」は、そのわかりやすい例です。

でも、あなたの家の中にも、打ち棄てられているものはありませんか？　使いもしないガラクタ同然のモノを漫然と放置・保管しているとしたら……まさに家の中に投棄しているようなものです。場所が家の外なのか中なのか、というだけの違いです。

断捨離は、「棄てる」ことを最も憂い、「捨てる」は手段の1つと考えます。

「捨てる＝出す」なのです。

たしかに、一時は捨てざるを得ないモノが大量に出ることでしょう。けれど、自分が生きた関係性を築けるだけの量に絞り込み、質を選び抜くことは、健全で美しい空間を取り戻し、本当の意味でモノを、暮らしを、大切にするために必要なこと。ただ漫然と取っておき、打ち棄ててあることこそが「もったいない」のです。

モノを「捨てる」作業は、たしかに辛いもの。

「何でこんなもの買ってしまったんだ！」と怒りすら込み上げることもあるでしょう。「もう二度と買わない！」と涙ながらに決意することもあるでしょう。

けれど、その後に続く作業が「棄てる」ではないことを、覚えておいてください。自分とモノとの関係性を取り戻すために、1つひとつ見直して自省とともに、捨てていく。**捨てることは、自分と向き合うことなのです。**

長い目で見れば、モノも人も、ある時この世に生まれ、そしていつしか消えていく命です。その間の一時が、長い時間なのか短い時間なのかはそれぞれですが、その、かりそめのご縁を精一杯慈しむことこそ、本当の意味での「もったいない」の実践なのです。

「得る自由」もあるけれど「捨てる自由」もある

ここまでお読みになって、自分の住まいを思い浮かべ、耳が痛くなった人もいるかも知れません。それは、モノを「捨てる」ことに対しての抵抗観念が根深い証拠です。

しかし、断捨離が世に受け入れられたのは、多くの人びとに、自分の潜在意識にある「捨てる」ことへの呪縛を解き放ちたい、という思いが少なからずあったから。

本来、私たちには、次の3つの自由が与えられているはずです。

- 捨てる自由
- 捨てない自由
- 取捨選択の自由

最初の断捨離本が出た頃、私のブログに次のようなコメントが寄せられました。

「断捨離だなんて、格好つけたことを言っているけれど、片づけられない女が、モノを捨ててるだけじゃないですか。もったいない！」

正直、このコメントに不快感を抱かなかったわけではないのですが、深く同意したことも覚えています。だって、実際、そのとおりですから。

「片づけられない」と悩む人たち、とりわけ自称「片づけられないダメな主婦」たちの目の前には、モノが溢れた住まいを清々《すがすが》しい状態へ戻すには〝余計なモノを捨てるしかない〟という厳然たる事実が、横たわっていたのですから。

女性ならできて当たり前の〝家事労働〟である「片づけ」ができない自分のことを「ダメな主婦」と思い込んでいた女性たちの多くは、男性以上に、もったいないという「モノ軸」思考に無意識のうちにがんじがらめになっていたのです。

でも、「断捨離」によって、**モノの「取捨選択の自由」は自らの手にある**ことに目覚めた女性たちは、余計なモノを捨てるという行動を起こし始めました。

ですから私は、これから改めて断捨離に取り組もうとする人たちに、繰り返し次の言葉を贈っています。

もう、食べたくないのなら、
もう、お腹がいっぱいになってしまったのなら、
それ以上、食べなくてもかまわないはず。
なぜなら、自分の食事なのだから。

もう、着たくないのなら、
もう、飽きてしまったのなら、
それ以上、着なくてもかまわないはず。
なぜなら、自分の服なのだから。

ありがたいことに、今の日本は、それが実現可能な社会です。たいていの欲しいモノは手に入り、手放そうとすれば手放せる世の中です。それでも、なぜかそう簡単にはいかない。なんだかんだと理由をつけて、取っておこうとする。ああだこうだと理

由をつけて、捨てることをためらってしまう。それは、
家族の目を気にしているから？
周囲の目が気になるから？
その昔、義理の両親と同居していた時、私が捨てようとしたモノを「もったいない」と言って捨てさせてもらえなかったことがありました。この時、私はよくわかりました。**欲しくても手に入らないのは辛いけれど、捨ててしかるべきものを捨てることができないのもとても苦しいことだ**、と。

少々、突飛《とっぴ》に思われるかもしれませんが、人は誰しも赤ちゃんの頃、泣きたい時に泣いて、おっぱいを飲みたい時に飲んで、排泄したい時に排泄していたはずです。取り入れるにも、出すにも、何の制限もありませんでした。
ところが、成長するとともに、ずっと飲んでいたかったお乳を断たれ、おしめを外され、排泄のタイミングも自分でコントロールしなくてはならなくなりました。こうして、私たちは「制限の世界」へと放り込まれ、小さな体で、いじらしくも、無意識に我慢をし続けてきたのです。

幼子には幼子の、少年少女には少年少女の、小さな無数の制限と不自由があり、いつしかそんなことを忘れてしまった今の私たちの心の深層にも、その不自由がいまだ深く刻まれているのです。

つまり、**住まいにおける〝捨てられない〟モノの集積が映し出すものとは、「モノ軸」思考の人類の爪痕であり、「出してはいけない」「自由にしてはいけない」という、無意識下での自己制限の歴史でもある**と思うのです。

でも、もう、その不自由は必要ありません。

あなたが持っているモノを、あなた自身がもう要らないと考えたならば、もうふさわしくないと感じたならば、もう心地よくないと思ったのならば、あなたが自由にすればいいのです。誰に遠慮する必要もありません。モノに義理立てする必要もありません。

「欲しい」という自分の心に正直になる。「もう要らない」という気持ちにも素直になる。そして、行動すればいいのです。

せめて自分のモノくらい、自分の自由にすればいいのです。

第 2 章

これが断捨離のメカニズム

では、具体的に何をどうすればいいのでしょう？
8つのコツと5つの収納のガイドラインで、
断捨離のメカニズムや「捨てる」効用を知って、
モノに対する観念が刷新されれば、
「捨てたくて、うずうず」してきます。

断捨離とは、ただ捨てること

以前、「片づけのビフォー／アフター」の取材をする雑誌編集者に、こんなことを言われたことがあります。

「断捨離は、本を読んで理屈さえわかれば、自然とカラダが動く、捨てたくなる。こういうメソッドに初めて出会いました」

彼女の話によると、一般的な片づけの「ビフォー／アフター」の取材では、取材対象者はコーチのアドバイスに従いながら片づけていくそうですが、断捨離の場合は、取材対象者が本を読んだだけですぐにポイントを理解して、自分で〝やる気のエンジン〟を吹かし始めるため、コーチ不在でも取材が成立する、とのことでした。

断捨離のメカニズムを知ることで、モノを捨てる効用がわかり、モノに対する観念が刷新されれば、私たちのカラダは自ずと動き出すということです。実際に、断捨離を知った後に「捨てたくて、うずうずする！」と言われる方は大勢います。

では、ここからは、皆さんの「やる気スイッチ」ならぬ、「やる気のネジ」をたくさん巻いていきましょう。ネジが切れたら、また巻き直す、断捨離はその繰り返しです。

冒頭で「断捨離とは、ただ捨てるにあらず」と書きましたが、ここでは、「断捨離とは、捨てることです」とあえて反対のことを言います。

より正確に言うならば、「**健全な住空間を取り戻すためには、最初はどうしても大量に捨てざるを得ない**」ということです。つまり、システマティックなプロセスがあります。

捨て方には、きちんとした筋道があるのですね。

また**断捨離**は、モノを捨てる行動と同時に、頭の中つまり思考の整理もしていきます。**そうすることで、モノを捨てられない・溜《た》め込まないための〝体質改善〟をしていくのです。**

例えば、「ダイエットのため」「美容と健康のため」に食事を制限し、宿便を出したとしても、それを継続させるためには「今後、どんな食べ物をどんなふうに摂《と》り入れたらいいのか？」「なぜ、今まで間違った食べ方をしていたのか？」といったことを考察しなければ、以前と同じように不健康なカラダに戻ってしまうのは明らかです。

以上のことを念頭に置いて、ここから次のプロセスに沿って解説をしていきます。

思考の断捨離

1. 現状を認識する
2. 自己否定をやめる
3. 住まいの明確なビジョンを描く

モノの断捨離

1. モノを出して、俯瞰《ふかん》する
2. 「どう見てもゴミ・ガラクタ」を捨てる
3. 自分軸と時間軸、関係性を意識して手放す

4.「要・適・快」で選び抜く
5.収納は、モノの最適化ができてから

収納のガイドライン

1.「3分類の法則」
2.「7・5・1の法則」
3.「1 out 1 inの法則」
4.「ワンタッチの法則」
5.「自立・自由・自在の法則」

断捨離では「モノの断捨離」と「思考の断捨離」の物心両面で同時進行させることを重視しています。2つを同時に進めることで、作業もはかどり、思考もクリアになる好循環が起きてきます。と言うより、同時進行でそれが起きるのです。

そして、モノの総量が減ったところで、はじめて「収納」の作業に移っていきます。

思考の断捨離1
現状を認識する

「思考の断捨離」とは、実際に住まいのモノを断捨離していく際に、モチベーションを下げたり作業の手を止めたりするような思考、観念を手放していくことです。

「断捨離をしよう!」と決めた時、私たちが真っ先にやるべきことは何でしょう? それは、押入れや戸棚などのふだんは閉め切っていて〝見えない収納〟を全て開け放つことです。

押入れの片側の引き戸を開けるくらいでは足りません。両側の引き戸そのものを外してしまい、全開にします。そして、ただ表から中身を確認するのでなく、そこに収納されているモノの総量をきちんと認識するのです。

この最初の現状認識の作業は、とても重要です。住まいに抱え込んでいるモノの総量を把握しないまま取り掛かろうとしても、想定以上のモノの量に徒労感が募るばかりですから。

でもなぜ、そこまでモノの現状認識をする必要があるのでしょう？

それは、私たちには本来「見たくないものを見ない」性向があるからです。「押入れの奥にしまい込んだモノは見たくない」「テレビの後ろに溜まっているはずの埃《ほこり》は見たくない」といえば、心当たりがありますね？

私たちは、自分たちがいかにモノ溢《あふ》れの状態で暮らしているかを、ほとんど認識していません。例えば、登山経験がない人が、なんの予備知識も道具もないのに、いきなり「富士山に登る」というのは無理がありますよね？　でも、片づけの現場ではこれと同様のことが起こっているのです。

ですから、初心者がやるべきことは、頂上までの距離や時間を知ること、必要な道具をそろえること、登山ルートを確認すること。住まいの整理に当てはめるなら、住まいのモノの量、モノ溢れの現状を見定める、ということです。

登山なら当然のことが、なぜ片づけではできないかというと、私たちはどこかで、片づけを〝できて当たり前の家事労働〟と認識しているところがあるから。

しかし現状は、そんなに甘いものではありません。

「できて当たり前」というような物量ではないでしょうし、片づけには、高度な思考が必要になるのです。

加えて、「家事労働＝やるべきこと」という観念が染み付いているため、使役感、つまり「やらされ感」が増してしまうのです。その結果、「視界には入っているけれど、見えていない」といった状況に陥ります。

断捨離では、住まいの現状を3段階でチェックします。

- 収納空間に無理なく収まる量がたまたま「散らかっている」だけなのか？
- もはや収納空間に収まりきらずにモノが「はみ出し、溢れ出ている」のか？
- すでに長い年月の間にモノが「堆積している」のか？

そして、〝量〟の現状を認識できたら、次に、居住空間の〝質〟がどういうレベルにあるかを見定めます。

「物量」と空間の「質」の現状を認識する

散らかり

収納スペースから出し、さしあたって使っているモノが空間に散らばっている状況。使用後に元のところに収めれば、難なく片づいた状態になるレベル。

モノ溢れ

モノを取り出したまま放置された状況。収納スペースに収めようにも、そもそも、収納の容量よりモノが多いため、スペースに収まりきらないレベル。

堆積

“モノ溢れ”が長期間続くことで、モノが積み重なり、層になった状態。実際に使ったり、存在を把握しているのは層の上だけ。下は無意識・無自覚の混沌状態。

住まいからゴミ・ガラクタが取り除かれた状態が「境界線」だとすると、それより下のレベルは「モノの海で溺れている」ようなものです。

ところが、私たちの住まいのほとんどは、境界線より下の状態なのです。


ゴミの「分別レベル」を長年さまよっていて、体が重く、ウツウツとして行動に移すことが難しい、という人は、仲間や片づけ業者の手を借りてでも、いったん「境界線」レベルまで回復させることも一考に値すること。そして、一度は〝地上〟の空気を吸って心地よさを知ることで、初めて〝空間に住まう〟という意識も芽生えてくるのです。


要するに、ちょっと過激な表現をすると、自力で便が出ない時に、強い下剤を飲むのか、外科手術で出すのか、ということです。

「出す心地よさを知ったら、後は、自力で断捨離を進められるようになった」という方は数多くいますから、私としては、

「とにかく一度、ゴミ・ガラクタのヘドロの溜め池から脱出しましょうよ！」

と声を大にして言いたいのです。

思考の断捨離2
自己否定をやめる

とくに女性に多いのが、自分を「片づけられないダメな女」と決めつけ、自罰的な思考回路にはまり込んでしまうケースです。これは、〝片づけ＝できて当たり前の家事労働〟と認識しているため、「片づけられる」「片づけられない」という能力の問題として捉えてしまうのです。

一方、多くの男性は、ニュートラルに「片づかない」と捉えています。そこに個人的な感情が入らないのです。

つまり、**女性は、ただでさえ「片づかない現実」にダメージを受けているのに、「片づけられない私」という自罰性、自虐性も加わって、なおさらダメージが大きくなっている**のです。

また、キャリアの高い女性に多いのが、完璧主義に陥っているケース。

彼女たちは、外でバリバリ仕事をこなしているのに、住まいはグチャグチャというギャップに苦しんでいます。外と同じように家の中も完璧にキレイにしておきたいのに、できない。

そのギャップが大きければ大きいほど、

「どうにかしなくては……」

「このままではいけない……」

と自分を責める傾向がより強くなってしまいます。

こうした**自罰的な思考傾向に気づいて、自己否定をやめることも、思考の断捨離です。**

繰り返しておきますね。そもそも私たちは、こんなにモノも情報も多い社会に生きているのです。しかも、そこに、モノとの関わり方を示す的確なガイドラインがなければ、当然モノは増える一方なのです。

ですから、決してあなただけの責任ではないことも、認識しておきましょう。

思考の断捨離3
住まいの明確なビジョンを描く

モノの多さに悩まされている人は、目の前のモノを「どうにかしたい」一心から、「片づけなきゃ！」という強迫観念にとらわれます。その結果、片づけ術や整理術の本を買いあさって実践するものの長続きせず、また別の本を買い……ということを繰り返してしまいます。視野がとても狭くなっている状態ですね。
では、ここで一度立ち止まって考えてみます。

そもそも、「片づけをすること」が私たちの目的でしょうか？

私たちが本当に手に入れたいのは「自分が心地よくいられる住空間」のはず。だとすると、「片づけ」はそのための手段に過ぎません。

ですから、**優先すべきは「片づいた後の住まいでどんな暮らしをしたいのか」ということ、あなたのビジョンを明確にすることです。**

- 北欧系の雑貨や白木の家具を配したシンプルな空間
- アジアンテイストの布や籐《とう》の家具に囲まれたエスニックな空間
- 仕事を優先するための機能的でスタイリッシュな空間

などなど、本来は人の数だけ「憧れの居住空間」のイメージがあるはず。ところが残念ながら、多くの人はそうしたビジョンが不明瞭です。ビジョンの持ち方すら忘れてしまった人が少なくありません。そういう場合は、「モノを手放す」行動を繰り返しながら、モノを通じて自分のビジョンを見つめ直し、住まいの明確なカタチを思い描いてみます。すると、おぼろげながら、

「そういえば、私はゆったりした空間に憧れていた」
「大切にしたいのは、効率より家族との関係性だった」
「住まいの理想と現実がかけ離れていることに、何の問題意識も持っていなかった」

など、「どう暮らしたいか」という原点に立ち戻ることができ、断捨離を実践する上での原動力にもなっていくのです。

モノの断捨離1
モノを出して、俯瞰する

3つの思考の整理をしたところで、ここからは実際にモノを捨てていくための視点の持ち方をお伝えします。

モノ溢れ、モノ詰まりの収納の現状を認識したら、床やテーブルなどの水平面にモノを全て出して並べ、全体量を俯瞰します。

まず〝**出す**〟のです。

食器棚しかり、押入れしかり。私たちはふだん、そこに収納されているモノを「面」で認識していますが、それだと、奥にあるモノは見えません。実際、モノ探しに時間がかかるのは、そのため。出すことで、「立体」として1つひとつのモノを確認することができます。

この際、気をつけたいのは、**初心者であればあるほど、つい意気込んで〝大物〟からスタートしてしまい、予定している時間では対処できないほどの量と格闘してしまうこと。**

あるいは、一番気がかりな「手放しにくいモノ」「こだわりのモノ」から始めてしまうことです。

まだ慣れないために、つい身の丈以上の目標を立ててしまうのです。

しかし、初心者がいきなり、押入れ一間の断捨離に取り掛かっても、その思いもよらない圧倒的な物量に、気持ちは萎《な》え、予定時間で終わらず、中途半端になり、かえって混乱する……といったことが起こります。

ですから、押入れなら「下の段の収納ボックス1つ分」、タンスなら「1段分」というように、予定時間内に終わる小単位で始めることが肝心です。単位が小さければ小さいほど、水平面に出す作業も手間がかかりません。

小単位の断捨離を継続すれば、やがて必ず大きな単位の断捨離になります。

モノの断捨離2
「どう見てもゴミ・ガラクタ」を捨てる

断捨離では、住まいにある大量のモノを次の3つの「ふるい」にかけて取捨選択していきます。

- 「どこからどう見てもゴミ・ガラクタ」を捨てる
- 「自分軸」と「時間軸」、関係性を意識して手放す
- 「要・適・快」でモノを絞り込む

1番目のふるいは**「どこからどう見てもゴミ・ガラクタ」を捨てる**こと。

食品で考えるとわかりやすいでしょう。あなたも、冷蔵庫に入っているものを全て

テーブルに並べた時、そこに、賞味期限の切れた生鮮食品や賞味期限は切れていないけれど食べる気が起きないような状態の食べ物があれば、すぐに処分するでしょう。これと同じ視点が、モノにも応用できるわけです。

床やテーブルに広げたアイテムの中から、壊れているモノ、汚れているモノ、使えないモノ、存在を忘れていたモノ、もう用のないモノから捨てていくのです。

もし、「まだ使えるから……」と悩ましいモノがあれば、「まだ使えるけれど、〝心の賞味期限〟は切れていないだろうか？」と自問自答してみること。

結局、それが自分にとって「美味《お》しい《い》モノ」なのかどうか、ということです。「美味しくないモノ」はどんどん手放していけばいいだけ。それがわかれば、捨てるスピードは速くなるはずです。

つまり、ゴミ・ガラクタとは〝**忘却グッズ**〟と呼んで等しいもの。あったことすら忘れているモノです。そのほとんどが、実際、今の自分にとって〝どうでもいい〟モノ。そうしたモノが、小物入れに、クローゼットに、扉を閉めれば見えなくなる収納スペースに、たくさん詰まっているのです。

経済学用語に「パレートの法則」というものがあります。

これは、「会社の売上の8割は2割の社員が稼いでいる」「仕事の成果の8割は、費やした全時間の2割で生み出されている」といったもので、別名「80：20の法則」とも呼ばれています。

これと同じことが、片づけの現場でも起こっているのです。

つまり**「住まいにあるモノの8割は忘却グッズであり、今、自分が活用しているモノは2割にすぎない」**ということ。ましてや、ふだんあまり開け閉めしない押入れや引き出しであれば、忘却グッズの比率は8割を超えることすらあります。

断捨離では、こうした忘却グッズを「**〝知らないオジサン〟が詰まっている**」と表現します。

ただのオジサンではありません。あなたの〝知らないオジサン〟が整然と、クローゼットに、押入れに、隙間収納に、壁面収納に、床下収納に、住み着いているのです。

「知らない」ということは、今のあなたと関係が結ばれていないということです。これまでの人生において、すれちがっただけのような間柄です。

あるいは、挨拶くらいはしたかもしれない、一緒にお茶くらいはしたことがあるかもしれないけれど、今はそのオジサンに「オレのこと知っているだろう？」と言われても思い出せない。そんな「あなたはどなた？」と言いたくなるようなモノが、ありませんか？


さらに、「忘却グッズがいっぱいある」ということは、常に満員電車に乗っているようなものです。あるいは本来、リラックスできるはずの家の中で、〝知らないオジサン〟たちが、リビングに、トイレに、キッチンにたたずんでいるようなものです。

しかも、〝知らないオジサン〟たちは喋《しゃべ》りません。どんなに息苦しくても、声を上げることもなく、ひたすら無言で押し合いへし合いしている。

こんな状態が、収納スペースの中で起こっているのです。

そんな〝知らないオジサン〟には、然るべき方法で出て行ってもらうしかありません。

そういった意識で住まいをながめると、捨てるべきモノがはっきりと見えてくるはずです。

知らないオジサン（忘却グッズ）が大勢いませんか？

買ったことすら忘れてしまった、モノ・ガラクタ。
そうしたものを収納空間に所狭しと詰め込んでいませんか？

モノの断捨離3

重要軸と時間軸、関係性を意識して手放す

2番目の〝ふるい〟は「重要軸」と「時間軸」です。じつはこれが、断捨離の最大の肝です。なぜなら、

- この視点でモノを取捨選択することで、自分がわかり、自分を好きになれるから
- モノと自分との〝関係性〟に焦点を当てる思考が身につくから
- 時間の経過とともに変化する自分との関係性の推移が見えてくるから

左の図の横軸が「重要軸」、縦軸が「時間軸」を表しますが、その中心部は、重要軸が「自分」であり、時間軸は「今」です。つまり、「今の自分にとって重要なモノ」

モノの見極めに大切なのは「重要軸」と「時間軸」

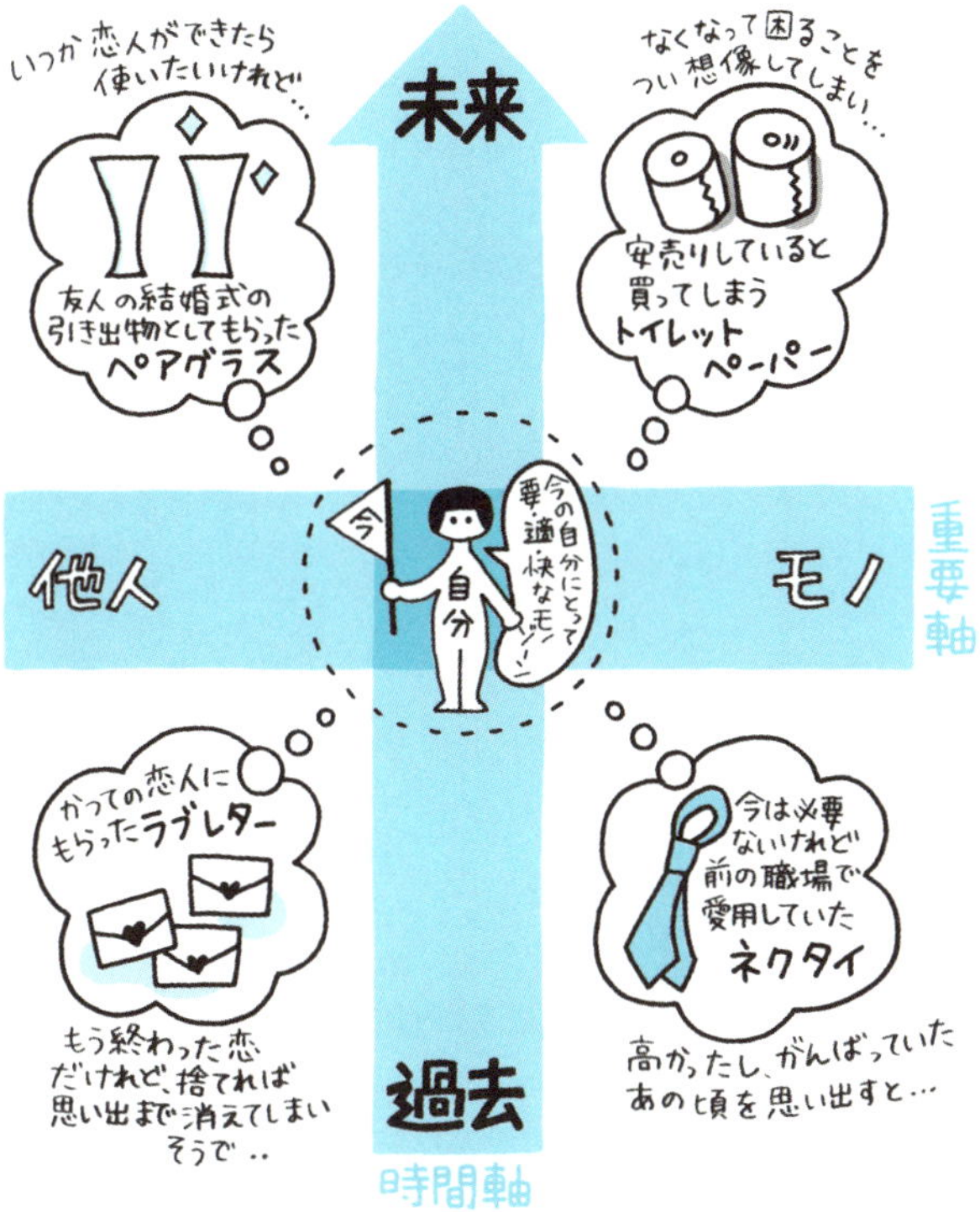

がここになります。しかし、私たちはつい、図のふきだしのように重要軸が「他人」の価値観を基にした「他人軸」になったり、「モノ」主体の価値観へとブレて「モノ軸」になります。また、「かつては必要だった」と過去にこだわったり、「いつか必要になるかも」と未来に期待と不安を抱いたりすることも日常茶飯事です。

ゴミ・ガラクタを取り除いた後は、基本的に、この2つの軸を意識してモノの取捨選択ができれば、「今」の「自分」にとって必要なモノに絞り込むことができます。

例えば、私が10年以上愛用しているメガネを「これ、とってもいいの。ぜひ使ってね」と贈呈されたら、あなたは使いますか？　視力は人によってまちまちですし、好みもありますから、もちろん使いませんよね。このように、メガネであれば「今」「自分」の判断はしやすいものです。

でも、使えないというわけではない。それどころか、フレームにブランドのロゴマークでも入っていようものなら、もったいない気持ちになるかもしれません。

私たちは「せっかくあの人がくれたから、断るのも失礼だ」「使えるから取っておこう。ましてやブランド品だし」という選択をしてしまうのです。これこそが、他人軸やモノ軸にブレた状態です。

同様のことが、コンビニでもらった箸から、引き出物の自分のセンスに合わないペアカップにまで起こります。そんな〝積極的には使いたくないモノ〟が家の中にはびこっていませんか？

「重要軸」でのモノ選びとは、「私が使いたいかどうか」が全てです。

「私が必要とするメガネ」なのか？「このメガネは使える」なのか？つまり、主体はどっちなのか、という問題です。

こうして**モノを絞り込んでいくうちに、今まで輪郭がぼやけていた〝自分にとって本当に大切なもの〟が見えてきます。**それが、「自分がわかる」「自分を好きになる」、つまり自己肯定感が上がるということですね。

また、親や配偶者や学校の先生などの価値観に影響されて受け入れたモノも「他人軸」による選択です。しかも、そうした価値観は、自分本来の価値観のように馴染《なじ》んでいることがほとんど。モノの取捨選択をしていくうちに、このような知らず知らずのうちに染みついた他者の価値観にも気づくことができるのです。

もちろん、他者の価値観であっても、自分が主体的に取り入れているのならいいのですが、自分にいい影響を与えていないこともしばしば。そうした価値観・観念も、モノと同時に一度〝棚卸し〟をし、不要ならば手放していく。自分が感じた違和感に正直になるのも断捨離の重要なプロセスです。

そして、**「時間軸」は「今」**です。

P43で紹介した「捨てられない3タイプ」をもう一度見てください。じつは、この3つのタイプにはある共通点があります。それは、**「今」にいない**ということです。「もったいない」「いつか使うかも」と意識が過去や未来に飛んでしまい、現在（今）と向き合うことから逃げている。つまり「今」がぽっかり空いている。

もちろん、年に1度だけとか、慶弔の時くらいとか、使う頻度が少ないモノもありますが、頻度というよりも、**「今」の自分との「関係性」が生きているかどうか、という視点で見ることが大切です。**

この「関係性」というのも重要なポイントです。

私たちはどうしても、モノの利用価値や役割に目が向いてしまいますが、自分と生きた関係性があってこそ、モノの〝活用価値〟を引き出すことができるのです。

例えていうならば、どんなに美味しい料理であっても、その時に満腹であれば「美

「モノ」と「私」の関係性は生きている？

味しい」とは感じません。

モノと自分との関係性は、時間とともに変化する。あるいは、同じモノでも人によって評価が異なり、関係性も異なることは、あらゆるモノ・コト・ヒトとの関係を構築していく上での大前提。その意識を持つことで、要・適・快なモノがはっきりと見えてきますし、モノ・コト・ヒトを単純に正誤、善悪でジャッジすることから離れられ、他者を尊重する意識も芽生えてきます。モノと向き合うことで自分軸に気づき、人間関係にも変化のきざしが訪れた方の一例をご紹介します。

体験談3

自分軸を取り戻したら、大量の食器を処分できた

長年にわたり断捨離を続けている幸さん（仮名）。衣類はいとも簡単に手放すことができ、お気に入りの服を厳選できているのに、食器類の断捨離は一向に進みません。ご飯茶碗《ちゃわん》、汁椀、湯呑《ゆの》み、皿、小鉢、カップ、グラス等々、多種多様な器が並ぶ食器棚は見事ですが、幸さんは「どれも気に入らない」と言うのです。

じつは、それらの器は全てお姑《しゅうとめ》さんからの贈り物だったのです。しかも、そのほとんどが、お姑さん自身がもらったもの。お姑さんも、幸さんに託すことで責任転嫁をしていたのでしょう。冠婚葬祭やお中元・お歳暮でなだれ込んできた器が食器棚に詰まっていたのです。ただ、全て使えるモノであり、質も悪くないため、幸さんに「捨てる」という発想は起こりませんでした。その期間、約20年。

その後、意を決した幸さんは、食器棚と向き合いました。

お姑さんの善意の押しつけのような食器を出し始めたら、かつて白かった棚がひどく汚れていることに気づきました。そして、食器を全て出し、棚を拭き始めたとたん、自然と涙が頬を伝いました。「こんなに汚くしてごめんね」と。

これまで、食器の1つひとつに愛着も持てず、食器棚を掃除することもなかった彼女が、なぜ泣けてきたのでしょう？　それは「お義母さんがせっかくくれたから」と他人を基準にしていた分、自分を犠牲にしてきたことに気づいたからです。食器棚に向けての「ごめんね」は、お姑さんとの関係性の再構築の瞬間でもあり、「モノ」と「他人」にばかり軸を置いてきた自分に向けての謝罪でもあったのです。そして、幸さんはやっと、大量の食器を処分することができました。

モノの断捨離4

「要・適・快」で選び抜く

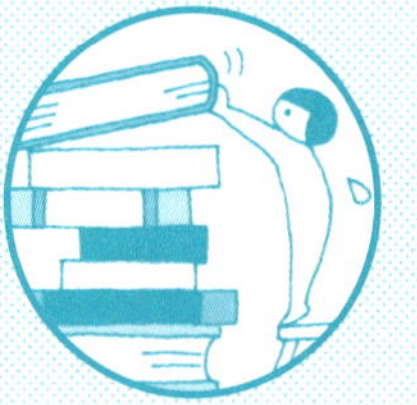

第3のふるいは「要・適・快」という視点です。

これも、「自分軸」によるモノ選びの一環ですが、さらにその判断を磨き上げるための〝ふるい〟です。具体的には「これは私にとって、必要か？ ふさわしいか？ 心地よいか？」という問いかけです。もちろん、時間軸は常に「今」です。

つまり、**「今」の私にとって「不要・不適・不快」なモノを手放していく**のです。その際、次の3つの視点でモノを選び、手放す時は知性・感性・感覚を総動員させます。

- **不要なモノ…あれば便利だし、まだ使えるけれど、なくても困らないモノ**
- **不適なモノ…かつては大切だったけれど、今の自分には合わないモノ**
- **不快なモノ…長年使っているけれど、どこかで違和感や不快感を感じているモノ**

P73で、「忘却グッズ」を〝知らないオジサン〟と呼びましたが、忘却グッズを手放すと、次に登場するのが、断捨離では〝**おせっかいなオバサン**〟と呼ぶ不要なモノです。おせっかいなオバサンって、親切ですよね。そして、おしゃべりです。黙ったまま整然とたたずんでいた〝知らないオジサン〟とは対照的です。でも、本人には決して悪気がなく、よかれと思っていろいろアピールしてくるのが特徴。だから、なかなかバッサリと関係を断ち切るのも心苦しい。

これをモノに置き換えると、どうでしょう？

「とっても便利よ」「1台あれば、助かるって！」「これがあると簡単にできちゃうのよ」など、店員さんや通販番組のひと声に乗せられてつい買ってしまった、というようなモノです。ところが、いざ使ってみると、言われたほどの便利さも必要性も感じない。つまり、**「まあ、そこそこ便利なんだけど、なくても困らない」程度のモノ。**

でも、こういうものをいざ捨てようとすると、親切心の仮面をつけた〝おせっかいなオバサン〟は雄弁に語り出します。「本当に捨てちゃっていいの？　だってこれ、高かったでしょ？　仮に今は使わなくても、また必要なことがあったら使うかもしれないし。第一、捨てるなんてもったいないじゃないの……」などというように。

でも、じつは、それを喋《しゃべ》らせているのは、他ならぬあなた自身なのです。

忘却グッズと違って、そんな、「どうでもいい」と言い切るには少し後ろ髪がひかれてしまう、〝あると便利なモノ〟。こうした〝おせっかいなオバサン〟のようなモノを、**「執着グッズ」**と呼んでいます。

忘却グッズのジャッジは、比較的簡単ですから、言うなれば「集団面接」してどんどん取り除いていけばいい。しかし執着グッズはこのように言葉が巧みなので、「個人面談」ののち、「要・適・快」を見極めて取り除いていくようなイメージです。

まずは難易度の低い「忘却グッズ」を手放し、本当は「不要」だった「執着グッズ」を手放していく中で、あなたの「断捨離ＥＱ」は高まっていきます。すると、「不適だった」「不快だった」コト・モノにも気づけるようになります。「不適」「不快」なモノは、自分の感覚・感性に素直になっていくことで見えてきます。意識しながらモノを手放していくうちに、センスも磨かれていきます。そんな一例をご紹介します。

おせっかいなオバサン（執着グッズ）はいませんか？

深く考えず、ブームに乗って買ってしまった
キッチングッズ。
じつは、他のモノでも十分に代用できたり、
極端に使用頻度が少なかったりしませんか？

体験談4

「要・適・快」で断捨離したら、好循環が起きた

バブル時代に青春を送った美登利さん（仮名）の夫は、洋服も茶色と黒で迷えば「どっちも使い道あるから2つ買えば？」「迷ってるうちになくなっちゃうよ。2つとも買ったら？」が口癖でした。一方、バブル崩壊後に青春を送った美登利さんにとっては、それは悪魔の囁《ささや》き。違和感を覚えつつも「好きな人の言うことだから」と「迷ったら2つ買う」ことをなし崩し的に始めてしまいました。

もともとスッキリ暮らすのが好きだった美登利さんですが、気がつけば家にはモノが増えていきました。そんなある日、美登利さんは夫から広い家が手に入る隣県への引っ越しを提案されます。緑豊かなところで暮らしたい、という大義名分はありつつも、じつのところ、荷物が収まり切らなくなったことがきっかけです。現在の一戸建ては、2人暮らしには不相応な広さですが、夫に自分の意見を言えぬまま、荷物がいっぱいになってしまったのです。

ところが、東日本大震災が起こります。新居を予定していたエリアは、原発事

故による立ち入り禁止区域となってしまい、もはや引っ越すことの意味を見出せなくなってしまいました。そんな時に出会ったのが「断捨離」でした。

美登利さんは、本を何度も読み、はやる気持ちを抑え、心の中でリストを作る日々。そして5日目に満を持して実行。ＯＬ時代のスーツに始まり、好きではない貰《もら》い物のブランドバッグ、足の痛みを我慢して履いていたハイヒール、姑からもらった厄よけ財布、手洗いすることで使わなくなった食洗機……。美登利さんは「要・適・快」の視点で一気に断捨離を進めました。

当初、妻の嬉々《きき》としてモノを処分する姿を、夫は不思議そうに眺めていたそうです。そして、自分の荷物がトランク1つが大げさではないほどの量になった時、美登利さんが都内のマンションへの引っ越しを提案すると、長距離通勤に疲れていた夫はあっさりと快諾。そして、引っ越してから間もないある日、夫から「テレビいらないかもね」と言われたのです。たしかに、一戸建てで使っていた60インチのテレビは、２ＬＤＫのマンションには不釣り合いな大きさ。「迷ったら2つ買え」が口癖だった夫が「壁が白くて広いから、小さなプロジェクターを買えばいい」と言ったのには驚かされました。

1週間後、テレビのない生活がスタート。それまでダラダラとテレビを観ながら食事をしていた夫が、美登利さんと向かい合って食べるようになり、会話の量も質も格段にUP。さらに昼食をお腹いっぱい食べていた習慣を「断捨離する」と言い出し、手作りの野菜スープ持参で出勤するようになってから2年間で18kgの減量に成功し、健康診断もC判定からA判定になりました。

夫は、スリムになったことが嬉《うれ》しいようで、着たい服を厳選して着るようになりました。時を同じくして人事異動があり、昇進。おまけに、「掃除は掃除ロボットで」と思っていた矢先、夫が会社の行事で特賞の掃除ロボットを当てたのです。もう、びっくりを通り越して、口あんぐり状態……。

気づけば、夫婦の「仲の良さ」の質もすっかり変化しました。結婚以来、喧嘩《けんか》一つせず、お互い独身の延長のような日々でしたが、それは、「夫に嫌われたくない」という美登利さんの自己肯定感が低かったから。言いたいことも言わずに、自分で責任を負わないラクさに寄りかかっていたからなのです。

美登利さんが黙々と「自分軸」の取り戻しに励むことで、夫婦の関係性にも大きな気づきがあり、夫をも好循環に巻き込んでいったのです。

「不要・不適・不快」なモノとは……

不要	なくても困らないモノ	❶ 便利だし、たまに使うけれど、コレがなくても1年は生活できるモノ	酒燗器などの季節商品／キッチンで場所を取っている電気ケトル／たまに飲むが効果がはっきりわからないサプリメント
		❷「いつか使うかも」「腐らないし」と溜め込んだ日用品のストック類	大量の保冷剤やコンビニでもらった割り箸やスプーン／ラップ、ジッパー付きの袋、密閉容器などのキッチン備品／二重買い、三重買いをして余った付箋
		❸「そんなに頻繁に来客がある?」と聞きたくなるほど過剰な来客グッズ	ふだん使っていない食器類／旅先で入手した個包装の歯ブラシやシャンプー、シェーバー／来客の人数に見合わない量の寝具
不適	自分にふさわしくないモノ	❶ いいものかもしれないけれど、今の自分のセンスには合わないモノ	何年も前に買ったハイブランドのコートや靴、バッグ／自分の趣味ではないいただきものの高級タオル／かつて熱中した趣味のコレクション
		❷ 他人に見られるのはちょっと恥ずかしいモノ	異性に見られるのは恥ずかしい思い出グッズ／見栄で買った難しい本 /自宅か近所でしか着ないヨレヨレの服
		❸ かつては愛着があったが、いつのまにか手にしなくなったモノ	“育てている”はずが、気づけばかなりボロボロになったデニム／かつての恋人や友人からのプレゼント／実家で使っていたから と、そのままなんとなく使っていたモノ
不快	心地よくないモノ	❶ 使うたびに五感のどこかで、違和感を感じていたモノ	匂いが好きではないのに惰性で使い続けていたシャンプー／使うたびにギシギシ音を立てるベッドや椅子／口に合わないのに無理して食べていたもらいもののお菓子
		❷ お気に入りだと思っていたけど、使うたびにストレスを感じていたモノ	好きだけど履き心地に違和感があった革靴／焦げ付かず、デザインもいいけれど使い心地がイマイチな鍋／よく着ていたがすぐにできる毛玉が気になっていたセーター
		❸ 必需品と思っていたけれど今のライフスタイルとずれてきたモノ	結局ほとんど使わなかった電子レンジ／土鍋で炊くようになってから不要になった炊飯ジャー／ハンドドリップのほうが美味しいのに「保険」で持っていたコーヒーメーカー

モノの断捨離5

収納は、モノの最適化ができてから

忘却グッズを出しきり、執着グッズも手放し、不適で不快なモノも見極めました。この段階までくれば、住まいのモノの量はかなり絞り込まれているはず。質も選び抜かれたものに。すでに、空間が軽く感じられ、呼吸のしやすさを実感できているのではないでしょうか？

ここまでモノを絞り込んだところで、初めて「収納」に移りますが、その前に、「片づけ」と「掃除」についての断捨離の定義をご紹介します。

- 「片づけ」とは、収納までに行う圧倒的なモノの絞り込み作業である
- 「整理・分類」＋「掃除」の総称が「そうじ」である

以前、ある雑誌の片づけ特集を見ていたら、巻頭ページが汚れ落としのための「重曹の使い方」だったことがあり、のけぞるほど驚いたことがあります。つまり、世間一般だけでなく、情報を発信する側も「片づけ」という言葉を、「整頓」から「掃除」までの意味も含めて、とても曖昧な使い方をしているのです。

ですから、いざ、長年溜め込んだ住まいの垢《あか》を「大そうじしよう！」となったら、断捨離的には、まずは膨大な忘却グッズ・執着グッズの処分に取り組むことが大事だというのに、なぜかその意気込みが、最新鋭のロボット掃除機あるいは強力洗浄剤を購入することに入れ替わってしまった方を何人も見てきました。

こうして私たちの思考は混乱していきます。

断捨離の考え方という以前に、**真っ当な「そうじ」の筋道として、まずは、ゴミ・ガラクタ、不要・不適・不快なモノを取り除き、その後、収納に取り掛かり、「掃く・拭く・磨く」の「掃除」を行っていくのです。**

なぜ、この順番かと言うと、ゴミやガラクタ、不要・不適・不快なモノをそのまま収納スペースに押し込んでも、まるで意味がないからです。それどころか、いったん押し込んでしまったら最後、それらのモノは〝機能不全〟の状態で収まり続けてしまうことになるからです。

以前、家事代行サービスに従事していた方が、断捨離セミナーを受講しに来られた動機として、

「立場上、モノの取捨選択はできないから、どう見てもゴミ・ガラクタのようなモノでさえも、それをどかして掃除をして、また戻す、という作業を繰り返していました。そこに言いしれない矛盾と徒労感を感じて、断捨離の必要性を痛感しました」

と言われたことが印象に残っています。

巷《ちまた》に溢れる「整理術」「収納術」の多くは、モノを吟味しないままに「いかに効率よく保管・分類するか」に主眼が置かれています。

その結果、モノは減らず、収納スペースで、いつ扉を開けて、出して、使ってもらえるかもわからない状態で、じっとしていることになります。

「そうじ」の概念、収納と断捨離の違い

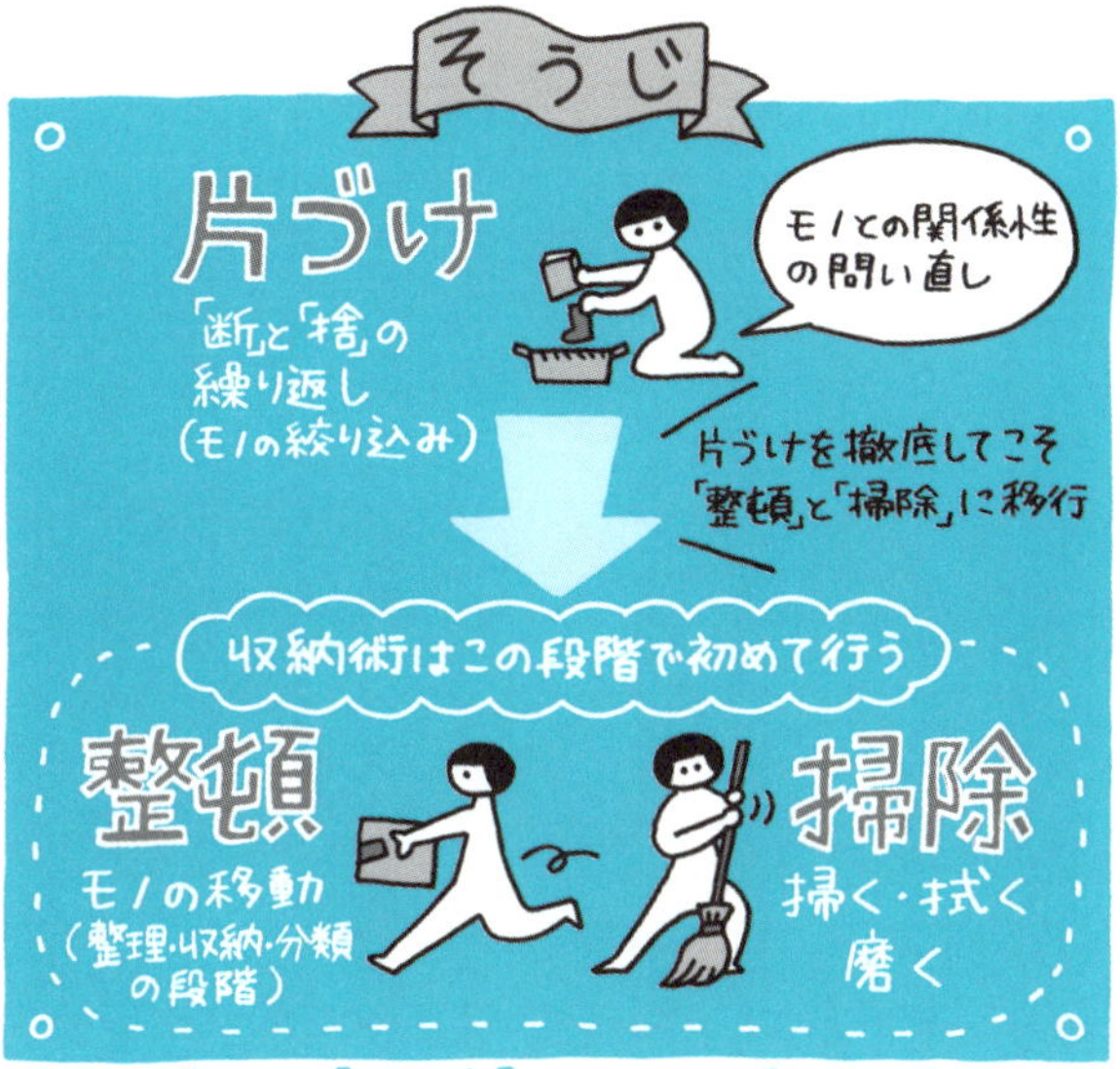

※断捨離では、「そうじ」を「片づけ」「整頓」「掃除」という
3つのアクションの総称とし、「掃除」と分けて定義しています。

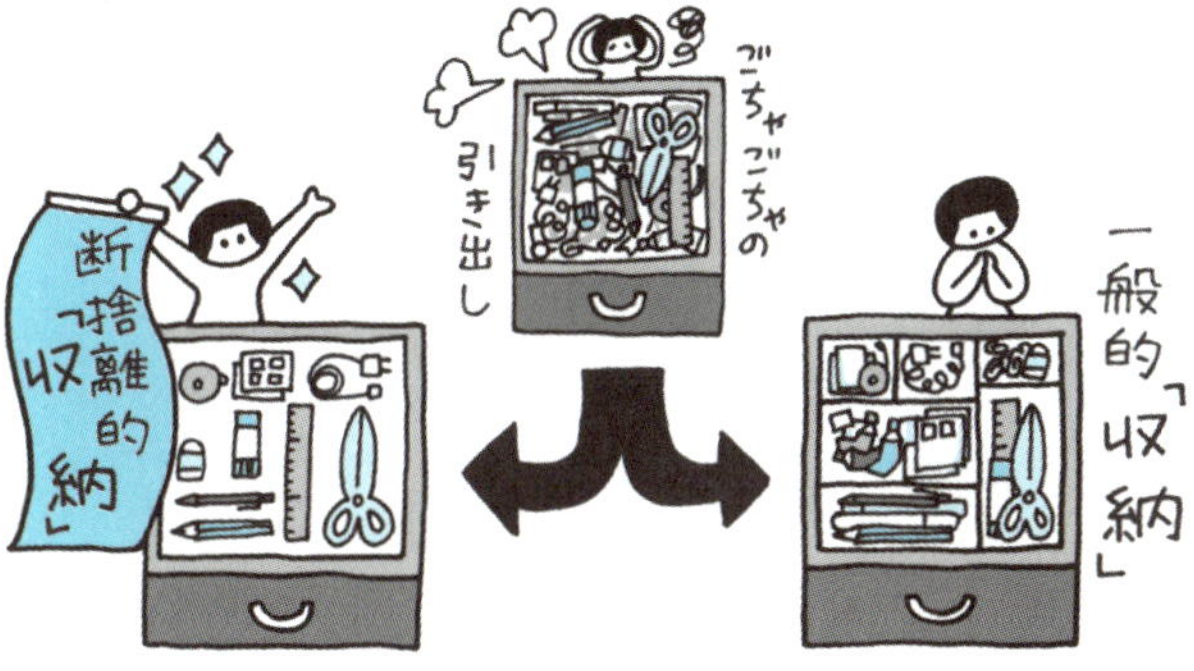

これに対して断捨離は、常にモノが代謝していくことが前提です。断捨離した後の空間には、常に動き・流れがあります。保管・分類のために、仕切りグッズを買ったり、作ったりすることはありません。むしろ「最初に収納グッズを捨てる」という行動に出ることもあります。

というのも、重要軸と時間軸を意識した断捨離を進めていくと、自然とモノは絞り込まれていきますから、収納グッズは最低限あれば十分。つまり、**断捨離的収納とは「いかにモノを収めないか」という発想**なのです。

また、「片づけ」とは、広義の意味で「始末をつける」「始末する」ということ。その反対が「しっ放し」「そのまんま」という状態。あるいは、関係性が終わっているのに、そのまま放置して忘却の彼方、となってしまう状態。

「始末」とは文字どおり「始まりと終わり」を意味しますが、この「終わり」まできっちりやりきる感覚を、モノの断捨離を通じて身につけていくのです。

収納のガイドライン1
「3分類の法則」

ここからは、絞り込んだモノ、選び抜いたモノを収納していく際のガイドラインを5つ紹介します。

セミナーや講演会でよく受ける質問に、

「○○は捨ててもいいのでしょうか？」

「どれくらいの期間使っていなければ捨てていいですか？」

といったものがありますが、**断捨離にルールやマニュアルはありません。**なぜなら、捨てるか否かの選択や決断は、持ち主である本人にしかできないことだからです。


しかし、モノも価値観もあり余る社会で生きていると、そんな当たり前のことにすら迷いが生じてしまうもの。ですから断捨離は、ルールがない代わりに「自分軸・時間軸」「要・適・快」などの思考のツールを提供しています。

「収納」も同じで、決まりごとはありません。

ただし、緩やかなガイドラインはあります。それは、「このとおりやればOK」というものではなく、私が長年、モノや空間と〝仲良くする〟方法を探求し、さまざまな実例を見てきた中で、つかんできた黄金律です。

まず、モノを収納スペースにしまう前に大切なのが「分類」です。

整理・分類というのは、やろうと思えば際限なくできてしまうもの。しかし、あまり細かく分けてしまうと覚えきれませんし、大雑把すぎるとどこにしまっていいかわからずに悩むことになります。断捨離では、3つに分類することがポイントで、

「大分類」↓「中分類」↓「小分類」

というふうに、分類したいアイテムを3つのジャンルに分けることを3回繰り返していきます。そして、小分類まで分けたところで、はじめて収納へと進みます。

日本語には「松竹梅」「金銀銅」「天地人」のような3分類の熟語がたくさんありま

す。これを「三語法」と呼びますが、物事を3つに分けるのは、脳に馴染みやすいのです。2つだと対立しますし、4つだと精査不足が残ります。ですから、断捨離も「断」「捨」「離」の3つなのです。

では、キッチンを例にして、「3分類の法則」を説明しましょう。

大分類

まず、キッチンにあるモノ全体を「食材」「調理道具」「食器」に分類します。ここでのポイントは、3つを混在させないこと。食器が集まるところに調味料を置いたり、調理道具の脇にコップを並べたりするのはカテゴリーエラーを起こした状態。こうしたことが多ければ多いほど、モノ探しに時間がかかり、思考も混乱をきたします。

中・小分類

（食材）

私の家では、調味料や生鮮食料品も含めて、食材は全て冷蔵庫で一元管理しています。（すでに3分類された）3つのドアがあって、上から「冷蔵室」「野菜室」「冷凍庫」

になっていますから、それぞれの用途に合わせて食材を入れています。一般的には、

- 冷蔵室…食品、飲み物、調味料など
- 野菜室…葉菜、根菜、薬味など
- 冷凍庫…調理済み食品、調理前の食材、冷凍菓子など

といった分け方になるでしょう。

〈調理道具〉

たとえば、用途に応じて「シンクまわりの道具」「コンロまわりの道具」「電化製品」で3分類してみると、次のような分け方になるでしょう。

- シンクまわりの道具…ボウル、ざる、包丁やまな板など
- コンロまわりの道具…フライパン、鍋、おたまなど
- 家電製品…オーブンや電子レンジ、フードプロセッサーなど

〈食器〉

まず、「皿」「器」「ドリンク容器」に中分類し、それぞれに用途や大きさ、素材に応じて小分類すると使い勝手がいいと思います。

- 皿…大皿、中皿、小皿

例えばキッチンは、こうして分類する

大分類	中分類	小分類		
食材	冷蔵室	食品	飲み物	調味料
	野菜室	葉菜	根菜	薬味
	冷凍庫	調理済み	調理前の食材	冷凍菓子
調理道具	シンクまわり	ボウル	ざる	刃物
	コンロまわり	フライパン	鍋	ツール
	家電製品	加熱用	下ごしらえ用	その他
食器	皿	大皿	中皿	小皿
	器	陶磁器	漆器	金属器
	ドリンク容器	カップ	コップ	ワイングラス

- 器…陶磁器、漆器、金属器
- ドリンク容器…カップ、コップ、ワイングラス

この分け方に正解はありません。それぞれの生活スタイルに応じた、自分なりのルールで3分類してみてください。ただ、最初の大分類を間違えると、中分類・小分類に支障が出てきますので、まず大分類を的確に摑《つか》むことが肝心です。

とはいえ、これが不得手な方がじつに多いのです。

私たちはモノばかりを見ているため、どうしても視点が低く、視野が狭くなっています。つまり、全体を俯瞰する力が欠けてしまっているのです。

世間一般の「収納術」を見ていると、いきなり細かい分類から入り、さらに微に入り細に入り分けていくため、却って混乱を招いていくのです。

住所もそうですが、日本国→東京都→港区というように、**大きな枠組みから徐々に小さいほうにフォーカスしていくのが、混乱しない思考の順序です。収納における分類の思考は、仕事で必要な技術も磨いてくれます。**生活の中で思考力が磨かれる、そのためのツールと思えばやりがいも出てきます。

収納のガイドライン2
「7・5・1の法則」

これはモノを収納する際の、収納空間におけるモノの量の目安です。
収納の形態に応じて、モノの総量を空間全体の「7割」「5割」「1割」に絞り込むというもので、次項で紹介する「1 out 1 inの法則」とともに〝**総量規制の法則**〟とも言います。

「見えない収納」は7割

押入れやクローゼットや引き出しなど、通常は扉が閉まっていて中が「見えない収納」スペースにモノをしまう際の量の目安は、空間全体の7割にします。

これは、**モノの通り道を作るための割合**です。「見えない」のだから、モノがパンパンに詰まっていても、ごちゃごちゃに入っていても平気だろうと思うかもしれませんが、実際問題として、そんな状態では奥のモノは取り出しにくく、まず手前にあるモノを移動してから……といった経験は、誰にでもあると思います。

また、**3割の空間を設けることで、「片づけよう」という気持ちが自然に起こってきます。**

「見える収納」は5割

ガラス扉の食器棚やサイドボードなど、扉は閉めていても中が「見える収納」スペースにモノをしまう際の量の目安は、空間全体の5割まで。

常に中が見えるので、ある程度の美観を保った状態で収納しなくてはなりません。そのための**「美的限界量」が5割**なのです。「見せる」でもなく「見えない」でもないからこそ、空間の美しい印象をさりげなく保つことができます。

「見せる収納」は1割

玄関のシューズボックスやサイドボードの上など、水平面に置いてあえて「見せる収納」スペースにモノを置く際の目安は、空間全体の1割とします。

これには、美術館やギャラリーがお手本になります。広い空間に絵画が1点だけ飾られているのは美しいものです。住空間においてそうした場所はそれほど多くありませんが、そこの**1割のスペースにワンポイント置くくらいの気持ちでモノを飾れば、日常的な雑貨でさえも美しさが引き出され、立派な装飾品になります。**

「7・5・1の法則」を紹介すると、せっかくあるスペースに100％モノを入れないことに驚き、しかも「7割、5割、1割しか……」と嘆く方もいます。

でも、モノの総量が減ってくると、「しか」から「（7割、5割、1割は）あってもいいんだ」という発想に変わってきて、その制限の中でモノを選び抜く面白さを味わえるようになります。

例えば、いま「見える収納」にモノが20点入っているとするなら、「どの10点を残そうか」という視点が生まれ、それは、自ずと「私のお気に入りベスト10」を選ぶことにもなるのです。

また、こうして、モノの総量を制限し、吟味していくことで、住まいの各所に**余白を生かした美的空間**を創り出すことができるのです。

収納のガイドライン3

「1 out 1 inの法則」

これは、前項の「7・5・1の法則」を継続させるために必要なもので、「7・5・1」で選び抜いたお気に入りのモノが並んでいるところに、新たなお気に入りのモノを1つ手に入れたら、ベスト10の末席にあるモノを1つ手放す、というものです。

こういう循環が繰り返されると、「お気に入り度合」がしだいに高まり、あなた自身の美意識やセンスも上がっていく感覚がしっかりと味わえます。

ただ、その際に注意していただきたいのは、「**1つ手放してから、1つ入れる**」ということです。一般的な片づけのルールでは「1つ入れたら、1つ手放す」とよく言われますが、**断捨離ではoutが先なのです。**

理由は、先に1つ入れたら、(一時的ではありますが)2つある状態になり、総量オーバーになるからです。

逆に、**先に取り出してから新たなモノを入れる際には、失敗ができません。**大げさに言えば「背水の陣」の状態にあえて身を置くということです。そうすると、モノを手に入れる際の心構えも違ってきます。ひいては、モノを選ぶ力が高まるのです。

あえて先に〝困った状態〟を作ることで、「いい加減なモノは買わないぞ」という覚悟が生まれます。それによって、多少の困りごとにも動じにくくなります。

また、先に「出す」という発想は、新陳代謝や呼吸にも通じること。**先に「出す」ことを意識すれば、循環を呼び起こすことができる**のです。

これは、モノだけでなくコトやヒトにも言えることです。

例えば、「関係が終わった」と感じる恋人と別れる前に、新しい恋人と付き合い始める、ということに違和感を覚える人は、少なくないはず。

このように、私たちは、新しい魅力的なことにはどうしても飛びついてしまうものですが、まずは、終わったことに対する〝始末〟のほうが先というのが、断捨離の考え方。**始末を先に行うことは、次の〝獲得〟を確実に洗練させてくれる**からです。

モノ・コト・ヒトも「1 out 1 in」であることを示す事例を2つご紹介します。

体験談5

「1 out」したら、思いがけないことが「1 in」した

お金儲けの本を処分したら…

長い間、お金持ちになることにこだわっていた今日子さん（仮名）は、断捨離に出会って、お金儲《もう》けの本を一気に47冊も処分しました。

47冊の本は、お金に対する過剰なこだわりの表れだったと気づいたためでした。同時に「お金持ち＝人生の成功者」という思い込みからも離れられ、お金に対する意識が変わりました。

するとその後、思いがけないことが起こりました。ずっと絶縁状態にあった親から財産分与をされたのです。お金に対する過剰な執着から離れられたら、なぜかお金が舞い込んできたのです。

ウソのような本当の話です。

「願解き」で恋に始末をつけたら…

理香さん（仮名）は、バツイチの30代女性。

離婚後、ある男性と出会い、大恋愛の末に結婚の約束をしましたが、破談に。

意気消沈していた彼女が断捨離で気づいたのは、「結婚」の2文字に対するこだわり。そこで、心の傷が癒えて来た頃、以前に「彼と幸せな結婚ができますように」と願をかけた神社へ行き「願解き」をしました。「願解き」とは、ことが終わったら、結果がどうあれ、お礼と報告に行くこと。

誰しも、神社やお寺で願い事をするものですが、「具体的な願い事の場合は、結果の良し悪しに関わらず、きちんと始末をつけることが肝心だ」と理香さんは知っていたのです。「願解き」をした日、理香さんの表情はすっきりしていて「いい顔をしているね」と友人にも言われたそうです。

モノでなくても、「片をつける（片づける）」ことで、新しい何かが入ってくるというもの。理香さんは後日、自分と似た家庭環境で育った男性と出会い、2ヶ月で婚約。何かとウマが合うその彼と結婚することになったのです。

収納のガイドライン4

「ワンタッチの法則」

モノを取り出したり収納したりする際は、できるだけ素早くしたいし、余計な手間も省きたいもの。

どんなに総量規制をしても、余白を生かした美的空間ができていても、モノを取り出す際に、収納スペースの扉を開けて、中にしまってある箱を取り出して、フタを開けて……と3つの動作があると、それだけで面倒な気持ちが湧いてきます。

当然、使用後に収納する際にも同じ手間がかかるわけで、その面倒くささから元に戻さず、ついテーブルや床にポンと置いたままにしてしまうのです。

ですから、**モノの出し入れに要する動作は、**

「扉を開ける → 取り出す（戻す）」

のせいぜい2つに絞り、モノをワンタッチで取り出せるようにすると、余計なストレスはなくなり、「面倒くさい」気持ちもなくなります。

私の場合、箱入りのモノは基本的にフタを取って収納しています。

コーヒークリームなど袋にいくつも入っているモノは、袋の口を外側へ1度折り返して、口が開いた状態で冷蔵庫に入れています。

こういう場合、袋の口を輪ゴムで留める方は多いと思いますが、輪ゴムは留めるにも外すにも手間がかかりますし、そもそも、そこまで密封する必要がないものも少なくありません。私は、袋の口を留める必要があるモノは洗濯バサミやダブルクリップで封をしています。

「家事は面倒くさい」と思う人こそ、知恵と工夫を絞り出し、「煩雑な手間」を減らしていくと、家事はぐんと愉《たの》しいものになります。

収納のガイドライン5

「自立・自由・自在の法則」

例えば、衣類やタオルを畳んで収納する際は、畳んだ輪の部分が見えるようにするなど、私たちは無意識に、見た目よく、取り出しやすく、の工夫をしているものです。「自立・自由・自在の法則」は、そうした美意識にさらに磨きをかけるもの。これによって、**部屋の隅々まで意識が行きわたり、自在な空間を作り出すことができます。**

自立

モノを収納する際は、「立てる」という意識を持ちます。

我が家では、キッチンのタオルは「四角いトレーに収まる10枚まで」と決めています。総量規制もできますし、畳んで立てることでトレーにピッタリ収まりますし、崩れることもなく、取り出しやすいという利点があります。

自由

ここで言う自由とは「**選ぶ自由**」のことです。

コンビニエンスストアのドリンクコーナーには、さまざまなペットボトルが一目でわかるような状態で並んでいて、自由に選ぶことができます。そして、1本取り出すと後ろから同じボトルが押し出されてきます。あの陳列状態を参考にするのです。

つまり、食器棚のグラスなら、カップ、コップ、ワイングラスというように、種類ごとにグルーピングして、縦に取り出しやすく並べます。これが混在していると、手前にあるものばかりを使ってしまい、せっかくあるモノを存分に活かすことができません。

自在

衣類など立てて収納できないものに使う方法です。

「自在」とは「意のまま」ということ。パンツやTシャツやソックスをくるくる丸めてほどけないように畳み、収納します。パンツやソックスが小さな塊となり、しかも崩れない、解けない状態です。これはとても気持ちがいいものです。

私の家では、丸めて畳んだパンツはカゴに放り込んでいますが、Tシャツなら筒状になるので、「自立」させて収納することもできます。いずれにしても、きっちり詰めるのではなく、余裕をもって収納することで、心にもゆとりが生まれます。

こうして、**モノの自立・自由・自在を形に見える状態にしておくことが、あなた自身の自立・自由・自在を促すことにつながるのです。**

また、キッチンの引き出しに多いのですが、間仕切りだらけの中に窮屈そうに箸やスプーンを詰め込んでいるケースもよく見受けられます。

「断捨離」では、まずモノを絞り込み、間仕切りが不要なほどゆとりのある空間に、モノがはらはらと置かれている状態こそ、心地よいものと考えます。

自分がモノだったら、そこに居たいか？

毎日開け閉めする引き出しやカゴの中がどのように見えるか？

モノのありようを、自分のありようとして捉えてみると、答えは自ずと出てきます。

「自立・自由・自在」で美意識に磨きをかける

自立

タオルやTシャツなどの
布製品をケースに立てて
収納する。

自由

コップや食器類を同じ
種類ごとに並べて、
自由に選びやすくする。

自在

パンツや靴下などの
コンパクトな衣類は、
丸めて自在に転がす。

小さい、確実に成果が出る場所から始める

ここまで、断捨離の具体的な実践方法をご紹介してきました。

要するに、「要らないモノは捨てる」「出す」というだけなのですが、これほど言葉を尽くすのには、それなりの理由があります。

繰り返しますが、**捨て方にも真っ当な筋道がある**からです。

初心者ほど、捨てるとなるとまず、自分にとって一番捨てにくいモノを連想します。

本や洋服など、自分にとってこだわりの強いものから手をつけようとしても作業ははかどらず、余計に混乱して達成感も得られず、そこで諦めてしまう人がいかに多いことか……。

断捨離は「**加点法**」。つまり、少しでも、とにかく**「できたこと」にフォーカスす**

るのです。

以前ブームになった大学受験の勉強法に、「簡単な小学校のドリルの問題を解くことでやる気を出す」という方法がありました。

高校生ですから、当然、小学校のドリルであれば満点を取ることができます。そうすることで「できた」という小さな成功体験を得ることができます。その成功体験を重ねれば自信になります。

まさにその感覚で、**断捨離もごく簡単なところから着手することです。その積み重ねによって、大きな課題にも立ち向かえるようになるのです。**

私たちは、家庭で、仕事で、なかなか思うようにいかないことも多々抱えていて、どうしても自分を減点せざるを得ないもの。ですからせめて、断捨離においては「できた、捨てられた」と1つひとつ自分を褒めていき、自分への〝信頼貯金〟を貯めていくのです。

そうすると、ムダなエネルギーの消耗が避けられ、モノに向き合う活力も湧いてきます。「お財布からやろう」「デスクの引き出し1つから始めよう」というと、「そんな小さなところが片づいたところで、住まい全体を考えると途方に暮れそう……」と言う人もいますが、これは1つの心理的なテクニックでもあります。

また、最近増えているのが、「断捨離の理論もわかった。モノを手放すことの必要性もわかった。でも、なぜかカラダが動かない」というパターンです。とりあえず、エンジンはかかったけれど、ずっとアイドリングを続けているような状態です。

これは、取り掛かる前から戦意を喪失しているようなものです。限られた時間と労力に見合わない量が目の前にあることがわかっていますから、途方に暮れて、つい先送りしてしまうのです。

常に「やらなきゃ」「でも動けない……」というふうに、気になっているのにカラダが動かないばかりに、エネルギー（気）だけがどんどん漏れています。これは、それこそ「もったいない」状態。

こういう場合に必要なのは「今の自分は、抱えている物事が多すぎるんだ」という認識に立ち返ることです。

得てして、**モノが多い人はやるコトもたくさん抱えているので、まずは一旦、やるコトを制限しましょう。**そして、目の前の小さなポイントから断捨離を進めていくことです。

とはいえ、そういう状態にあると「全部が重要に感じてしまう」もの。だからこそモノを通じて「今、ここ、私」を意識するトレーニングをしていくのです。

そうすることで、「今の自分には何が重要なのか」が必ず見えてくるのです。

体験談6

1膳の菜箸《さいばし》が、運命に立ち向かう勇気をくれた

12年前、由美さん（仮名）は障害を持つ子どもを授かりました。夫はほとんど休みなく深夜まで働いていて、頼れる親類や知り合いも近所にいません。しかも、次に生まれた子どもも同じ障害で虚弱だったため、入退院の繰り返しです。

「どうして私ばかりこんな目に合うの!?」

そのうち自身がヘルニアで動けなくなり、手術をしても治らない状態になりました。24時間逃げられない痛みの中での子育てはつらく、頼れるところもないまま「死ぬ以外にラクになる方法はない」と本気で考えるまでになっていました。

家の中が散らかり、汚れ、埃が堆積していく現実も、諦めと感覚麻痺《まひ》でなんとかやり過ごす日々です。

やっと少しずつカラダが動くようになった頃、由美さんは断捨離に出会いました。そして、断捨離のトレーナーや仲間に自己開示していくうち、泣くことすら忘れていた由美さんが、いつしか「泣き虫」状態になりました。涙を流すことで、内に秘めていた思いを「出す」ことができるようになったのです。

しかし、笑顔を取り戻し「よし、がんばろう！」と決意するものの、家に帰れば、ゴミ箱をひっくり返したような状態。相変わらず、何から何まで手のかかる子どもたち。帰りはいつも深夜の夫。

「目の前のことをやるだけで手いっぱいで、とてもモノと向き合う余裕なんてない！」と思っていた矢先、断捨離仲間から思いがけないメールが届きました。そこには「今日の断捨離はこれだけです」と、捨てた1膳の菜箸の写真が添付されていたのです。その瞬間、「え、これだけでいいの？　これなら私にもできる！」という思いが湧いてきました。

由美さんは、すぐにキッチンの傷んだ菜箸を摑んで捨てたそうです。そしてキレイな菜箸だけが残りました。その瞬間、ほんのささやかなスペースですが、毎日小さなイライラを重ねていた場所が、ごきげんな場所に変わったのです。

それ以降、由美さんに変化が起きました。

今まで「あと15分しかない」と何もできずに過ごしていた時間が「まだ15分ある！　どこを断捨離できる？」と前向きなワクワクする時間に変わったのです。行動を起こしたくてしょうがない衝動が湧くようになり、断捨離したことで「ウフッ♪」とごきげんに感じる場所も少しずつ増えてきました。

それまでは、どんなに参考になる話を聞いても、それを実生活に活かすことができなかったのに、「思考がサビついていた私でも、モノなら具体的にやれることが目の前にある！」と考えられるようになりました。

断捨離は「行動」した結果が目に見える形で表れます。それが少しずつ、由美さんの喜びと自信になっていったのです。

さらに、障害を持つ2人の子どもを抱えた自分の運命に立ち向かう勇気も、湧いてきたのです。

気力が湧かない時は「出口」から取り掛かる

断捨離では、私たちの生命を「肉体的生命」「社会的生命」「精神的生命」の3つに分けて考えます。私たちはこの3つのどれが欠けても生きていくことができません。

- 肉体的生命は、動物としての人間の命
- 社会的生命は、所属や承認の欲求
- 精神的生命は、知や美や人との交流への欲求

私たちは、肉体的生命があれば生きていけるとみなしていますが、もしそうならば、会社をリストラされたことを苦に自ら命を絶つ人はいないでしょうし、恋人との関係に悩み、疲れた人が命を絶つこともないはずです。

誰もがどこかで、肉体的生命をないがしろにして、社会的なことや精神的なことばかりを意識する傾向があります。それは「人間の性《さが》」とも言えるかもしれませんが、全ての基本は、肉体的生命。**肉体が健康であってこそ、社会的にも、精神的にも、生命を輝かせることができるのです。断捨離する気力が湧かず、なかなか一歩が踏み出せない人は、まずは土台である肉体が元気になることが先決です。**

断捨離は、この3つの生命の土台である「住まい」の環境を整えることで3つの生命を健全に保つことを目的としています。インテリアや片づけ以前の、人間としての尊厳に立ち返った「空間創造」と言ってもいいかもしれません。それほどに、私たちは、すさんだ空間を通して自分自身をいじめてしまっている現状があるのです。

また、私たちの住空間は、この3つの生命に分けると役割が整理されます。

例えば、キッチンやバスルーム、洗面所は「肉体的生命」に直結しますし、リビングや本棚なら「精神的生命」、クローゼットや書斎は「社会的生命」、というように。

もちろん、一概には言えませんが、それを意識した上で住まいを見てみると、今、自分はどの生命が弱っているかが見えてくる気がしませんか？

断捨離は「出す」ことが肝心ですから、住まいの中も「出す」ポイントからスタートして流れを取り戻していきます。キッチンなら、水回りや排水溝、ゴミ箱。私は、元気になりたい時、この「出口」を重点的にケアすることにしています。

キッチンというのは俯瞰してみると、冷蔵庫や食品庫はモノの入口、排水溝や水回りは出口、というように役割の違いが見えてきます。つまり、キッチンというのは、1つの空間に入口と出口がある場所なのです。ここでも、出口の手当てをすると、入口を洗練させようという気も起きてきます。

詰まりを解消したら、取り入れるものを洗練させたくなる。

それが筋道としてしっくりきます。

また、私は「3B」と呼んでいるのですが、**お風呂（Bathroom）、寝室（Bedroom）、便所（Benjo）も「出口」が意識される場です。**

お風呂は肉体の汚れや垢を落とし、トイレは排泄《はいせつ》をし、寝室は疲れをとる空間。肉体的に疲れている人は、必ずと言っていいほどこの3つの場が混乱し、汚れています。

「どこから手をつけたらいいかわからない」と悩む人は、こうした「出口」に当たる場所を断捨離し、まずは肉体的に回復していくことを優先するのです。

3つの生命の土台は「住まい」という場

肉体的生命
精神的生命
社会的生命

住まい全体を断捨離するポイント

住まいにおいて、それぞれの場が象徴することや、断捨離をする際のポイントを記しておきます。

【断捨離の手順】はそれぞれ、ステップ1「現状認識」、ステップ2「取捨選択」、ステップ3「整理収納」の作業になります。

クローゼットの断捨離

クローゼットを開けるたび、服はパンパンに詰まっているのに「着る服がない」と嘆く人は大勢います。衣服とは私たちの、社会的な、あるいは精神的なセルフイメージを投影するものですから、**「着る服がない＝着たい服がない」というのは、セルフイメージが定まっていないことに等しい**かもしれません。

また、私たちは衣服を通して、流行という旬のエネルギーをまとうもの。もし、そのエネルギーが自分にとって新鮮ではないと感じるのなら、その感覚に素直になって断捨離すれば、厳選された服を通して、常に鮮度の高いエネルギーを受け取ることができるのです。

【断捨離の手順】

- **ステップ1…**クローゼットを開け放ち、服を全部、水平面に出す。
- **ステップ2…**カビが生えていたり、傷んでいたりと物理的に着られない服から手放していき、「要・適・快」を意識して絞り込んでいく。
- **ステップ3…**基本的にクローゼットは「見えない収納」なので、空間に対して7割以下の物量を目安に。「取り出しやすく、しまいやすく、美しく」を念頭に、自分が使いやすいように収めていく。

押入れの断捨離

本来は、「要る・要らない」を吟味したいのに、捨てる面倒と後ろめたさに向き合うことを避け、「とりあえず突っ込む」スペースとして使っている方はじつに多い。

これは、感覚的・反射的に「臭いものにフタをする」ような、残念な思考の表れであり、**押入れに突っ込まれた不用品は、思考を放棄した証拠品**です。

また、ふだんは中が見えないことから、自分の潜在意識とリンクしていることがしばしばあります。押入れといえば、ある受講生のケースが印象的です。

不毛な恋愛を繰り返していた彼女は、ある日、不幸な結末を迎える悲劇的な恋愛小説ばかりを入れた段ボールが押入れの奥に放置されていることに気づきました。リビングの本棚には、社会科学系の本がずらりと並んでいるのとは対照的に。そこで彼女は、押入れを開け放ち、段ボールの本を手放すことで、それまでの後ろ向きな恋愛観ともさよならし、その後、新たな恋愛をスタートすることができたそうです。

つまり、**忘却グッズを捨てることは、潜在意識の淀《よど》みをクリーニングしていくこと。**そして、「見えない収納」をいつ誰に見られても恥ずかしくない状態にすることは、圧倒的に自分の自己肯定感を高めてくれるのです。

【断捨離の手順】

- **ステップ1…**押入れを開け放ち、中身を全部、水平面に出す。
- **ステップ2…**壊れていたり、使えない状態のモノから捨てていき、徐々に「要・適・

快」を意識して絞り込んでいく。

- **ステップ3…**基本的に「見えない収納」なので、空間に対して7割以下の物量を目安に。「取り出しやすく、しまいやすく、美しく」を念頭に、自分が使いやすいように収めていく。

キッチンの断捨離

キッチンは、鍋やフライパン、調理器具、密閉容器一式など道具類の巣窟になってしまうもの。多くの場合、それらのアイテムは、「料理上手でありたい」「いい主婦でありたい」という願望の赴くままに買い入れています。それらを手に入れたら、願望が叶《かな》えられるかのような幻想に惑わされてしまうのです。

それらを単なる欲求で買っているのか、「本当に料理上手でありたい」という意図を持って取り入れているかは、使われているモノの状態で見極められます。

よくあるパターンとしては、引き出しの中で、キッチンツールやカトラリーが間仕切り付きの収納トレーにギチギチに入っている状態。得てして、その中には、お惣菜と一緒に付いてきた割り箸やプラスチックのスプーンなど、「使えはするけれど、使いたくない」モノが漫然と突っ込まれているもの。

そうしたアイテムを、**引き出しにはらはらとゆとりを持って収納できるところまで絞り込んだら、収納トレーすら不要の状態になります。間仕切りで居場所を特定するのではなく、のびのびできる空間をモノにも与えていく。**開けた時に、爽やかな風が吹き抜けるような引き出しであれば、開けるたびに元気をもらえます。

また、食事作りは生きる基本。家族全員の生命の土台を整えるような作業です。忙しい日々の中で面倒に感じることもありますが、**〝必要な手間〟と〝省いたほうがいい手間〟を自分なりに判断し、「ワンタッチの法則」などを意識しながら、料理しやすい環境や動線を考えることは、家族全体の生命の質を上げることに繋《つな》がります。**

「食」は、味覚や栄養以上に「雰囲気」が大切。イライラのスパイスを振りまくことなく、家族が美味しく食事できるような雰囲気作りをするよう心がけます。


【断捨離の手順】
- **ステップ1…**戸棚を開け放ち、引き出しを外し、中身を全部、水平面に出す。
- **ステップ2…**賞味期限が切れている食品、使えない状態にあるツールや食器から手放していき、「要・適・快」を意識して絞り込んでいく。

- **ステップ3…**キッチン戸棚や引き出しは基本的に「見えない収納」なので、空間に対して7割以下の物量を目安に。「取り出しやすく、しまいやすく、美しく」を念頭に、自分が使いやすいように収めていく。

食器棚の断捨離

食事が単に空腹を満たすものではなく、見た目や味や香りなど五感をフル活動させて愉しむひと時だとしたら、食器ほど食事の良し悪しを左右するものはありません。**料理を盛り付ける食器というのは、いわば食べ物を美しく演出する衣装です。**

でも、服と異なるのは、それを持って街に出るわけでなく、自分や家族をもてなす料理を彩るために存在します。ですから、食器に対して美やセンスを求める人は、自分や家族をもてなす感覚を持っている、ということ。つまり人に見られる、見られないとは別に「こうありたい」という理想像＝セルフイメージがちゃんとある、ということですね。

断捨離では、「自分や家族をもてなす」という考え方が基本ですから、食器を、来客用と日常使い用に分けては考えません。モノの取捨選択の際は、そうした視点を意識してみてはいかがでしょうか。

食器棚の多くはガラス戸棚で、住まいにおける代表的な「見える収納」ですから、お気に入りの食器を並べていく作業は、とても愉しく、美意識が磨かれるもの。**食器棚を、額縁に収まった1枚の絵のような感覚で整えられたら、空間全体のイメージがガラリと変わります。**

ですから私も、片づけに悩まれているお宅に伺った際は、まず食器棚を美しく整えていき、モチベーションを高めていきます。

【断捨離の手順】

- **ステップ1…**食器棚を開け放ち、中身を全部、水平面に出す。
- **ステップ2…**ひびが入ったり、欠けたりしている食器から始め、長い間使っていない食器や来客用の食器を中心に、「要・適・快」を意識して絞り込んでいく。
- **ステップ3…**基本的に「見える収納」なので、絞り込む量は、空間に対して5割以下を目安に。「取り出しやすく、しまいやすく、美しく」を念頭に、自分が使いやすいように収めていく。

冷蔵庫の断捨離

基本的に、冷蔵庫に入っているモノは食品ばかり。賞味期限と〝美味しそうかどうか〟を意識すれば、断捨離を進めやすい場所ナンバーワン。また、食品の中でも「生鮮食品」がほとんどですから、「鮮度」重視で断捨離を進めていきます。

もし、冷蔵庫がパンパンでありながら、すでに食指が動かない食べ物をなかなか捨てられないとしたら、それは「もったいない」の気持ちから来ています。「食べ物を粗末にしてはいけない」という観念は決して間違いではありませんが、そうであるなら、冷蔵庫に入れたままにしていることが、果たして食べ物を大切にしていると言えるのか？　今一度、自分自身に問いかける必要があります。

また、食材のありようとは、私たちのカラダのありようと直結します。「**冷蔵庫＝カラダづくりの〝素〟の容れ物**」と言っても過言ではないですよね。

ですから、**冷蔵庫の断捨離をして、「とりあえず取っておく」から「その都度でＯＫ」という発想に転換したら、食習慣がガラリと変わり、気づけば健康になった、ダイエットに成功した、という方はじつにたくさんいるのです。**

【断捨離の手順】

- ステップ1…冷蔵庫を開け放ち、中身を全部、水平面に出す。
- ステップ2…賞味期限が切れているものから着手し、もはや食べる気が起きない食材も見直して、「要・適・快」を意識して絞り込んでいく。
- ステップ3…「見えない収納」なので、絞り込む量の目安は、空間に対して7割以下を目安に。「取り出しやすく、しまいやすく、美しく」を念頭に、自分が使いやすいように収めていく。また、冷蔵庫の表面にメモやマグネットをペタペタ貼っているなら、このスペースは「見せる収納」と捉えて全体の1割に。ワンポイント程度に絞り込むと、キッチンを取り巻く空間の印象がぐんと変わる。

本棚の断捨離

私たちは「本は最後まで読んでしかるべき」という価値観の下で教育されてきました。ですから、「あまり面白くなかったけど、がんばって読み終えた」ということも多いのでは？　でも、それは時間と労力のムダ。自分の気持ちに素直になることで手放せる本は少なくありません。

最終的に、**本を絞り込む際のコツは、自分にとってその本は〝美味しい〟のかどうか。**本にも賞味期限があるのです。とくに情報系のビジネス書はその類いです。

たとえ、ほとんど読んでいない本であっても、自分にとっては〝美味しい本〟であるケースもあります。なぜなら本というのは、電子書籍と違って、紙の手触り、重さ、デザインなどトータルで味わう総合芸術。また、それ自体に〝気〟というかエネルギーがこもっている感覚もあります。「なぜか持っているだけで心浮き立つ本」というのは、少なからずあるもの。そういう意味で、本はその他のモノとは異なる特別なアイテムです。

また、本の量は知識欲の表れでもありますが、どこかで「私ってすごいでしょう？」という自己アピールも伴うことが。読んでいない本でも、大量に持つことで「認められたい」気持ち（＝承認欲求）が満たされるような錯覚があるのです。結果的にそうした本は「積ん読本」として本棚やデスク周辺に放置されているわけですが、そうした〝見栄〟の象徴であるならば、潔く手放していくことで、自分を余計に飾る必要のないことに気づいていけるでしょう。

近年、ネット書店・古書店の台頭により、一度手放した本でも必要になったら手軽に入手できるようになりました。また、「情報を得る」という目的なら、紙の本でなくても、電子書籍やネットの情報で賄えるというケースも多々あります。

一昔前は、個人が持つ情報や知識は、蔵書のラインナップとイコールだったのが、今はだいぶ様変わりしています。ですから**「（ネット）書店も自分の本棚のうち」くらいの感覚で、フットワーク軽く、必要に応じて手に入れたり手放したりすれば、本を思い切って絞り込むことも可能になりますね。**

とはいえ、本は依然として、多くの人にとってこだわりの強いモノ。断捨離の鉄則は、「こだわりの強いものから着手しないこと」ですから、初心者であれば、他の場所でモノの取捨選択のトレーニングをした後に挑むほうがよさそうです。

【断捨離の手順】

- **ステップ1**…本棚に限ってはほとんどの場合、全ての本が見える状態で陳列されているので、まずは、しげしげと蔵書のラインナップを眺めてみる。
- **ステップ2**…本の絞り込みのポイントはひとえに、自分にとってその本が〝美味しい〟か〝美味しくない〟か。「美味しい」という感覚が、自分とその本との関係性が生きているかどうかの見極めに役立つ。

●ステップ3…「見える収納」なので5割収納と思いきや、本に限っては当てはまらない。本棚に収まる分まではOKという「総量規制」を意識。「取り出しやすく、しまいやすく、美しく」を念頭に、自分が使いやすいように収めていく。

トイレの断捨離

住まいにおける「出口」の代表的な場所がトイレです。一番汚れるところだからこそ、一番きれいに磨き上げるという心意気で。

また、風水では、トイレ掃除は金運アップの定番。それが実際にどういう効果をもたらすかはわかりかねますが、**トイレを美しく磨き上げることは、「排泄＝出す」を洗練させる**という意味では共通するのかもしれません。お金持ちというのは、お金の使い方（出し方）が洗練されているとも言えるからです。

トイレは、限られた空間にもかかわらず、洗剤やブラシ、芳香剤、トイレットペーパーなど複数のアイテムが置かれがちです。私は、ブラシや芳香剤は置かず、ペーパーの予備は1つしか持ち込みません。また、芳香剤代わりにハッカ油をペーパーに染み込ませて、さりげなく清涼感ある香りを漂わせています。**トイレに一番必要なのは**

「清潔感」ですから、モノは極力置きません。

【断捨離の手順】

- **ステップ1…**トイレ内に収納があれば、全て開けて、モノのありようを確認。
- **ステップ2…**不潔な印象を醸し出しているアイテムを取り除く。埃をかぶった芳香剤や置物、トイレ洗剤などは処分するか、埃を払って置く。
- **ステップ3…**トイレ内の収納の多くは「見えない収納」。7割以下を意識してモノを絞り込む。「取り出しやすく、しまいやすく、美しく」を念頭に、自分が使いやすいように収めていく。

玄関の断捨離

玄関は、住まいの顔であり、入口です。帰ってきてホッとする場所なのか、ドッと疲れる空間なのか、ドアを開けて入った瞬間の印象が全てです。**玄関がモノでいっぱいだと、住まい全体の淀みに影響を及ぼす**ので要注意です。

とくに気をつけたいのは、ゴルフバッグや灯油缶など、たまにしか使わない、あるいは季節モノのアイテムを置き放していないかどうか。すでに景色として溶け込んでしまって、それが邪魔になっていることすら気づかない場合も。

また、何十本もの傘が傘立てに突っ込まれているケースもよく見かけます。4人家族なのに、大量の傘があると「千手観音でもお住まいですか?」と言いたくなります。

シューズボックスの上に、宅配便の受け取りのハンコや鍵などの必需品から置物や花瓶などの調度品まで、所狭しと置いてあるお宅にもよく遭遇します。

果たして、それは住まいの顔としてふさわしい状態なのか、今一度自分の心に尋ねてみましょう。そうしたものが、漫然と置いてあるに過ぎないと気づいたら、断捨離を敢行するチャンスです。

シューズボックスは、パンプスにしろサンダルにしろ「履きもの」というジャンルが絞り込まれた場所ですから、モノの取捨選択や捨てる作業に迷いが生じにくい。その意味でも、断捨離初心者にはオススメの場所です。

【断捨離の手順】

- **ステップ1…**シューズボックスを開け放ち、新聞紙などに全ての中身を出す。
- **ステップ2…**くたびれた革靴や汚れたスニーカー、骨が折れた傘など使えないモノから捨てていき、「要・適・快」を意識して絞り込んでいく。

●ステップ3…シューズボックスは「見えない収納」なので、空間に対して7割以下の物量を目安に「取り出しやすく、しまいやすく、美しく」を念頭に、自分が使いやすいように収めていく。シューズボックスの上は、住まいの顔がより美しく映えるようなディスプレースペースと考え、空間に対して1割の物量で「見せる収納」を実践。ギャラリー空間と思って愉しんでみて。

リビング・ダイニングの断捨離

家族が集う場所だからこそ、家族全員のモノが集まるところ。どうしても他の家族のモノが気になるものですが、まずは、自分のモノの管理を徹底することが大切です。意識したいのは、**水平面にモノを置かない**こと。そうするだけで、空間は清々《すがすが》しいものになるからです。

よくありがちなのは、リビングを占領するような大きなソファが置いてあるお宅。日本の一般的なサイズの住宅には大きすぎて、空間にゆとりがなくなっているケースを多数見てきました。しかも、洗濯物や子どものおもちゃなどの物置き状態になっていて空間を淀ませています。**「あって当たり前」のものも、「本当に必要だろうか?」**

と見直してみると、案外「なくても大丈夫」どころか「ないほうがよかった」という場合も少なくないのです。

【断捨離の手順】

●ステップ1…「扉を開け放ち、水平面に全ての中身を出す」と言いたいところだが、リビング・ダイニングは毎日家族が使う場所なので、よほど条件が揃《そろ》わない限り、全部を出すのは難しい。だからまずは、テーブルの上や棚の上など、見えているところからスタート。毎日見ている場所を現状認識するには、写真に撮って、画面を通して客観視する。

●ステップ2…自分のモノや家族の誰が捨ててもいいモノから着手。この場所には、毎日のように来るDMや郵便物、新聞、チラシなどの紙モノが堆積しやすいので、「賞味期限」「消費期限」を意識しながら、どんどん捨てていく。一気に断捨離がしづらい場合は、「今日、断捨離に使える時間は15分だから、この引き出しだけ」というように、時間に応じて着手する場を決めて、継続的に行う。

●ステップ3…テーブルやサイドボードの上は「見せる収納」なので、1割以下の物量に止める。テーブルなら、お花を一輪程度。その他の収納は、「取り出しやすく、しまいやすく、美しく」を念頭に、自分が使いやすいように収めていく。

リサイクルの断捨離

「売れるかも　思った時から　手が止まる」

これは、２０１７年に募集した「断捨離川柳」の特選作品。身に覚えがある方もたくさんいることでしょう。

リユースしたり、リメイクしたり、オークションに出したり、フリーマーケットに出品したり、あるいは専門業者に引き取ってもらったり……。リサイクルの方法は多種多様です。たしかにリサイクルは大切なこと。まだ使えるモノで他の人が必要としているなら、ぜひとも送り届けたいところですが、これは初心者にとっては、とてもハードルの高い行動であることを理解しておかなくてはなりません。

例えばオークション。すぐにでも手放したいほどの量の洋服や本を出品するとしたら、どこかにまとめて保管し、入札を待ち、発送を手配し、入金を確認する、といった手間を惜しまずできるのかどうか？　むしろ、それでストレスを抱え込んでしまうことになる可能性が高いのです。

そもそも、そんなことをする時間もエネルギーもなかったからこそ、洋服や本の山ができたはず。ですから、よほどの決意がない限り、オークションやフリーマーケットに出すことは難しいのです。

多くの場合、そのモノを生かそうというより「買った時は高かったのに」「捨てるのはもったいない」など、金銭的な執着や捨てる罪悪感からの逃避であるケースがほとんど。ですから、むしろ**「二度とこんなものは買わない」と決意するためには、思い切って捨てて、あえて〝痛み〟を引き受けることが必要です。**

最後にもう一つ、入選した川柳を。

「手放して　減るストレスと　増える笑み」

第3章

断捨離が人生を変える

捨てれば得られます。
人生をリセットできます。
今の自分に最適な選択・決断を下せます。
自分に自信が持てるようになります。
ゆとりのある人生を過ごせます。

言い知れぬ爽快感がこみ上げてくる

今から40年ほど前のこと。

当時、大学生だった私は、学業に、趣味に、恋愛に、と学生生活を謳歌《おうか》している同級生たちと比べると、あまり覇気のない、たぶんボンヤリした学生だったように思います。

そんな私を見かねた姉が勧めてくれたのが、ニューエイジや精神世界のブームの流れで、にわかに注目され始めていたヨガでした。

とは言っても、今の美容や健康を目的としたスタイリッシュなボディワーク主体のヨガとはだいぶ異なります。呼吸、食、姿勢・動作、思想、環境という、自分の内側と外側からヨガの哲学を実践していく「身心修養」としてのヨガです。

私は、ヨガの面白さにのめり込んでいったのですが、カルチャーセンターでの授業から始まり、「指導員養成講座」へと進む中で、ある時、**「断行」「捨行」「離行」と呼ばれる「執着」を手放すための行法哲学**に出会います。行法哲学とは、本から学ぶのではなく、実践を通して体得していく哲学のことです。

例えば、一番有名な「断行」は「断食」です。水以外いっさい口にせず、何日も過ごす、辛抱や忍耐が伴うストイックな修行です。

正直なところ、当時の私は「執着を捨てろ」と言われても戸惑うばかり。あれも欲しい、これも欲しい、の物欲の塊ですから、「断行」なんてもってのほか。物欲も、食欲も、捨てる気などさらさらなく、すぐに「無理」の烙印《らくいん》を押して、聞かなかったことにしたのです。

とはいえ、この過剰な執着心が自分を損ないかねないことにも薄々気づいていたのか、「断行」「捨行」「離行」という言葉は忘れることのないまま、〝ココロの押入れ〟の奥深くに眠らせていたようです。

それがある日、ふと目を覚ましたのです。今思えば、それは運命的な日でした。「断行」「捨行」「離行」を知ってから10年後、カリスマ的な指導者であったヨガの師が急逝し、道場葬が執り行われた日のこと。

何が話のきっかけだったか、一緒に参列したヨガ指導員の先輩に、私は切々と訴えていました。

「『断行・捨行・離行』なんて、『執着を手放す』なんて、とても無理な話ですよね」

出家した修行僧ならともかく、自分ができないのは仕方がないと、私はただただ、同意が欲しかったように思います。

すると、その先輩指導員がため息まじりに言いました。

「そうだよな。我が家の洋服ダンスだって、着ない服でギチギチで、なかなか始末がつけられないんだからな」

私はその言葉に、目が醒《さ》めるような思いでした。

当時、私はまがりなりにも主婦として家事に精を出していましたが、まさに片づけ、とくに衣類の片づけに手をこまねいていたからです。

クローゼットにはぎっしり服が詰まり、いや、はみ出しているほどなのに、「着る服がない」と愚痴をこぼしている自分は、一体何なのだろう？

ひょっとして、そのぎっしり詰まった服こそが、私が抱える「執着心」であり、その執着心を可視化している存在なのではないだろうか？

そこで早速、クローゼットの衣類と向き合うことにしました。ところが、不要な服を手放そうとするものの、これがなかなか難しいのです。

「けっこう高かったよね」

「また流行るかもね」

「傷んでもいないのに捨てるの？」

「取っておいても損はないよ」

と、次から次へと服が話しかけてくるようです。

その一方で、

「なんでこんなものが、こんなにたくさんあるわけ！」

などと、怒りの感情もふつふつと湧いてきました。

当時の私にとって、不要な服を手放す作業は、難儀の連続でした。

でも、モノを捨てることの後ろめたさや心苦しさを受け止めながらも、少しずつ手放すことを続けるうちに、徐々にココロが軽くなり、言い知れぬ爽快感がこみ上げてきたのです。

1つ無用なモノを捨てると、1つ分だけ空間ができる
1つ余計なモノを捨てると、1つ分だけ負担が取り除かれる
1つムダなモノを捨てると、1つ分だけ爽やかさが甦《よみがえ》る

これが、断捨離という引き算の解決法の実感でした。

そして、いつしか「モノを介して執着を手放し、自分自身を回復・進化させていく」この自己探訪メソッドを「断捨離」と呼ぶようになりました。

ただし、その時はまだたった一人、ココロの中で。

余計な執着心を手放せて、ココロが軽くなる

こうして私は、「見えるモノ」を引き算していくことで、ココロの中の「見えない何か」も一緒に手放せた感覚になれる、という経験をしました。

では、「見えない何か」とは何でしょう?

最初の頃は「ああ、モノを捨てるとなぜかスッキリする」と感じただけでしたが、少しずつ経験を重ねるうちに「見えない何か」に対する考察が深まってきました。

第1章で述べたように、モノには「執着」という接着剤が付いていて、モノがそこにあるだけで反射的に芽生えます。これが「執着心」です。

ところが、「執着心」にはもう一つあります。

それは、自らの経験や思いに根ざした執着心です。クローゼットからはみ出た1着の服を、私たちは1つのモノとして捉えていますが、それが、大切な人からもらった

ものなのか、なけなしのお金をはたいて自分で買ったものなのか。多かれ少なかれ、その服には、持ち主それぞれのストーリー（物語）があります。

モノというのは、こうした物語が貼り付いた状態で目の前に存在しています。ですから、そのモノにどんな「思い」を貼り付けているかによって、モノと自分との関係性が異なってきます。つまり、**モノは、ただモノであって、モノではないのです。**モノは「見えるカタチ」と「見えない思い」がセットになって、成り立っているのです。

ただ、「見えない思い」が、「お気に入り」のモノならいいのですが、「高かったんだよなあ」「これを着ていた頃は楽しかったなあ」「捨てたらバチが当たりそう」「もう着ないけど捨てるのは面倒だ」「もう二度と手に入らないかも」……といった重い気持ちを伴っているとしたら、モノから受ける影響はネガティブなものになります。

つまり、モノと自分との関係性が良好ではないのです。

ですから、断捨離とは、日々、モノと向き合って、

「今の私は、このモノにどんな思いを込めているんだろう？」

「今、私はこのモノと良好な関係にあるだろうか？」

ということに、意識を向けていくことを重視しています。

では、実際にモノを手放していくと、どうなるでしょう？

「モノに貼り付いた重たい〝執着〟は今の自分にとって不要である」と意識しながら捨てていくことで、モノとココロは、より強く連動します。思いが重ければ重いほど、思いの拠《よ》り所となっているモノを手放すことで、ココロが軽くなっていくのを実感できるのです。

行動としてはモノを捨てていくだけですが、見えない世界やココロまでも同時進行で〝余計な執着心〟を手放していけるのです。その一例をご紹介します。

体験談7
元夫の家具を捨てたら、7年ぶりにスッキリした

楓さん（仮名）が断捨離と出会ったのは、離婚から7年後。その間、ずっと1人暮らしをしていたにも関わらず、家はモノで溢《あふ》れていました。

じつは楓さんには秘密がありました。それは、親類縁者に離婚を隠していたこ

と。楓さんが育った厳格な家庭環境において離婚はタブー。「一度嫁に行ったら、実家の敷居はまたぐな」くらいのことを言われる家庭でしたから。

そんな価値観のもとで育った楓さんは、当然ながら「親戚一同、離婚は認めないだろう」と思い込んでいたため、自分から話すことはなく、親戚には内緒にしていました。そのため、どこかスッキリしない気分が続いていました。

ところが、断捨離と出会って気づかされたのは、それまで意識に上らなかった、住まいのモノの多さです。その大きな要因は、元夫が使っていた家具。その家具には不要なモノが詰め込まれ、物置のような状態のまま放置されていたのです。

楓さんはなぜ、元夫の使っていた家具を捨てていなかったのでしょうか？　それは、楓さんが離婚したことを恥じていたからであり、ココロのどこかで離婚した事実を認めたくないために、見て見ぬフリをしたまま放置していたのです。

そこで楓さんは行動を起こしました。元夫の家具を全て断捨離。それで気持ちがスッキリして、親戚にも自分が離婚していたことを告げることができました。

楓さんは現在、7年越しでようやく独身生活を謳歌しています。

深い知性が得られる

なぜ、余計なモノを捨てることで、見えない世界やココロ、思考がクリアに調っていくのでしょうか？　クローゼットの着なくなった服を捨てた時の爽快感を味わって以来、これは私自身のテーマとなり、頭から離れずにいました。ところが、次の言葉と出会い、「捨てる」ことの底知れぬ力により深い理解を得ることになったのです。

【原文】
為学日益　為道日損　損之又損　以至於無為　無為而無不為　（『老子』四十八章）

【書き下し文】
学を為《な》せば日々に益《ま》し、道を為せば日々に損ず。これを損しまた損し、以《も》って無為に至る。無為にして為さざるをなしこれを自由訳した有名な言葉が次のものです。

知識を得たいなら、毎日増やしていきなさい
智恵を得たいなら、毎日減らしていきなさい
そうだ、知識は行動によって智恵になるのだから

この言葉は、ヨガの教えにもある「**知行合一**《ちこうごういつ》（知ったことと行うことを一致させる）」と同じであり、断捨離の考えとも一致しました。また、知識と知恵は似て非なるもの。

- 知識——知識欲に基づいて集められた顕在意識の情報
- 知恵（智恵）——経験を伴った理解によって潜在意識にまで落ちた深い知性

つまり、必要な時にいつでも取り出せて助けてくれるものが「知恵」であり、知恵に至るには「行動」が必要になってくるのです。

では、先ほどの「智恵を得たいなら、毎日減らしていく」とはどういうことでしょう？　その答えが、『老子』四十八章を短く表現した次の言葉です。

手放し難きを手放せば、得るべきものを得る（千賀一生）

断捨離に照らし合わせれば、「引き算」の行動を起こすことで、得るべきものが得られるということです。

空間いっぱいに溜《た》め込んでいるたくさんのモノ。

時間いっぱいに詰め込んでいる、するべきこと。

気持ちいっぱいにつなぎ続けている人間関係の数々。

そのどれもが、いっぱいになった時点で、空間も時間も気持ちも本来の機能を果たせなくなります。だから「引き算」の行動を起こしてみるのです。詰まりが取れたら、流れ出します。この流れ出す感覚が、私が味わった爽快感の正体なのです。

溜め込んだまま、活用されないモノ・コト・ヒトは、行動を伴わない知識と同じです。「手放す行動」をとることで、はじめて「知恵」に近づけるのです。

そして、今の私が『老子』四十八章を超訳すると、次のようになります。

「捨てれば得られる」

選択・決断の精度と行動のスピードが上がる

日々、こうした考察をしながら「捨てる」ことを実践していくうちに、モノを手放すことで、なぜ、見えない世界や人生までもが調っていくのかが、だんだんわかってきました。

モノとは「見えるカタチ」と「見えない思い」がセット、と述べましたが、**モノは〝思考の証拠品〟**です。目の前にあるモノは、あなたが何らかの価値観に基づいて思考し、選択・決断したからこそ、そこにあります。深く考えることなく取り入れたとしても、そこには、あなたの無意識が投影されているのです。

だからこそ、「モノはただのモノであって、モノではない」と言えます。私たちはモノという〝思考の証拠品〟を手に入れたり、手放したりすることで自らの思考を入れ替えているのでしょう。

目の前の服を「もう着ないけど、捨てるのも面倒くさいなあ」と思っているのなら、「面倒くさい」という現実逃避思考の証拠品です。関係性も良好ではありません。そういう場合は、面倒くさがりな自分と向き合って、その思いごと捨てるのです。

こうして、不要なモノを手放していくうちに、「生きた関係性のモノ＝お気に入り」だけに絞られていきます。すると、螺旋《らせん》状のスパイラルアップが起こってきます。

- **ステップ1…「関係性の質」が上がると、「思考の質」が上がる**

不要なモノを手放すと、自分と生きた関係性で結ばれたモノに絞り込まれ、思考にも混乱がなくなるから。

- **ステップ2…「思考の質」が上がると、「行動の質」が上がる**

思考がスムーズに流れると、「今・ここ・私」に必要な行動が取れるようになり、スピードも速くなるから。

- **ステップ3…「行動の質」が上がると、「結果の質」が上がる**

適切な行動を素早く取れるようになると、成果が出るのも早くなり、精度も高くなるから。

このような変化は、人間関係に例えるとわかりやすいでしょう。

よく知らない相手よりも、気のおけない仲間と一緒に仕事をする（「関係性の質」が上がる）ほうが、「思考の質」も「行動の質」も上がり、結果を出せるものです。

「行動の質」が上がれば、例えば「あの人に御礼をしよう」と思った時に、以前なら「いつかやらなきゃ……」とつい先送りしてタイミングを逃していたのが、すぐに行動に結びつきます。すると、自分も相手も心地よいものです。**断捨離を進めるうちに選択や決断の精度が上がり、速やかな行動がとれるようになる**のです。

こうして、どんどん結果を出して「結果の質」が上がると、「関係性の質」がまた上がってきます。以前は気づかなかった不要なモノが見えてきて、それを手放すハードルが低く感じられるようになるのです。「断捨離ＥＱ」とも言うべきものが高まっていく感覚です。つまり、「人生の質」が上がるのです。

また、今までできなかったことが「できた」ことで、自己肯定感も生まれてきます。**「自分」との関係性さえ良好になる**のです。

断捨離で人生の「質」がスパイラルアップする

閉塞感を抱えた人生をリセットできる

「人生の質」が上がることによって起こる、日常のささやかな変化には枚挙に暇《いとま》がありません。私の断捨離セミナーの受講生の事例をいくつかご紹介しましょう。

- デスクの不要・不適・不快なモノを取り除いたら、それまでモノを探すために使っていた時間も手間も減って、仕事がはかどるようになった。
- パソコンのデスクトップ上のアイコンを整理したらスムーズに作業ができるようになり、その都度、整理することが習慣になった。
- 「7・5・1の法則」でモノを絞り込んだら、自然に早起きができるようになり、仕事の能率がアップして帰宅が早まり、趣味を楽しむ時間が増えた。
- キッチンの便利グッズを減らしたら、段取りが上手くなり、料理が楽しくなった。

- 「ワンタッチの法則」で、モノを取り出すアクションが2つになるよう心がけたら、今までよりも料理の品数が1～2品増えた。
- 衣服をお気に入りに絞り込むことで、アイロンがけが苦にならなくなった。
- 下着や靴下を丸めて収納箱に転がし始めたら、洗濯物をたたむのが楽しくなった。

モノを通じたささやかな変化を積み重ねるうちに、閉塞感《へいそく》を抱えていた人生にも動きが出てきて、いろいろな変化が起こってきます。その一例が、次のようなものです。

- 長年、腐れ縁のような恋愛を引きずっていたけれど、「1 out 1 inの法則」でスッパリ別れたとたん、新しい出会いがあった。
- 長年、子どもの引きこもりに悩んでいたが、「過去への執着」を象徴する大量の児童書を手放したら、子どもとの関係がよくなり、引きこもりから脱せられた。
- モノの「要・適・快」を見つめ直すうちに、形ばかりの夫婦関係を続けることに疑問を覚え、長年の「家庭内別居」に踏ん切りがついて離婚することにした。
- 挑戦しては中途半端なまま投げ出していた、パン作り、ヨガ教室、アロマテラピー、マラソンなど、数々の趣味の〝忘却グッズ〟を手放したら、自分が本当にやりたいことが見えてきた。現在、仕事を続けながら起業のために猛勉強中。

などなど、**それまで決断を保留し、はぐらかし、逃げていた現実と向き合うことができ、人生のリセットができたというケースは多数あります。**

仕事やパートナーシップ、家族関係というのは、人生において大きな意味合いを持っていますが、離婚や退職にはネガティブなイメージがつきまといます。でもそれは、ココロの中が片づいて、自分自身に素直になれたからこそ起こること。人生の新しい展開がスタートしたようなものでしょう。

こうしたことが巡り巡って「断捨離したら、結婚できた」とか「子どもを授かった」とか、どこでどう繋《つな》がるのかわからないような、思いがけないことが起こった事例の報告はたくさんあります。それはもう、エビデンスを超えた世界であり、実践した人だけがわかる、不思議な体験です。

「捨てれば得られる」は、真実なのです。

断捨離とは、人生の新陳代謝を促すものなのです。

体験談8

風水グッズを手放したら、人間関係がよくなった

断捨離を少しずつ実践していた順子さん（仮名）。

ところがなぜか、断捨離候補に挙がらなかったのが、部屋の至るところにある風水グッズ。しかし「モノと真剣に向き合う」ことを強く意識し始めたところ、「金運を招く貝殻や黄色のグッズ」「人間関係をよくするリスの置物」「幸運を呼ぶ龍の置物」……などが、不協和音を奏でていることに気づきました。

「掃除もしにくいし、歩くのにも邪魔なのに、なぜそのままにしているんだろう？」と考えた末の結論は、「私は、自力では幸運を摑《つか》めない、と思い込んでいるのではないか」ということ。では、なぜ、そう思い込んでいるのだろう？

見えてきたのは、愛情に飢え、経済的にも恵まれなかった子ども時代のこと。家庭を顧みない父親、厳しいばかりの継母、友達の家庭とは違うコンプレックスから、人間関係が苦痛で、「受け身」や「諦め」が染み付いていたのです。

今では結婚して、一見、幸せそうな暮らしをしていながらも、順子さんのココ

口の底にある経済的窮乏への恐れ、人間関係の苦手意識、自己肯定感のなさが、おびただしい数の風水グッズに反映されていたのです。

それに気づいた順子さんは、風水グッズの断捨離を敢行。すると、何とも言えない清々《すがすが》しさと、手離せた自分に対する誇らしさを感じることができました。

さらに、思わぬ展開がありました。〝絶対に許せない〟思いから疎遠になっていた、今はケアハウスにいる継母に15年ぶりに会いに行ったのです。かつて厳しかった継母の小さな体を抱きしめた時、「私は愛されていなかったわけじゃない。継母は継母なりの立場や状況の下で、必死に育ててくれたんだ」と、これまでのこだわりが全て解け、涙とともに流れ出ました。そして、父親のお墓参りも済ませました。こんな穏やかな心境になれるとは、想像もしていなかったこと。

それ以降、会社の同僚たちともリラックスして接することができるようになり、ぎくしゃくしていた職場の人間関係までもが良好になりました。

順子さんは、風水グッズの断捨離によって、全ては、自己肯定感のなさから起きていたことに気づき、自分を苦しめていた執着を手放すことができたのです。

今の自分に最適な選択・決断を下せる

クローゼットの断捨離に取り組むきっかけとなった「あの日」から10年ほど経ったある日、私は、断捨離に対する理解をさらに深める体験をしました。生まれて初めて、真言密教の聖地・高野山へと足を踏み入れたのです。

住まいのある石川県から、電車とケーブルカーを乗り継いで山頂へ到着すると……、その空気の静謐《せいひつ》さ、透明感に衝撃を受けました。そして宿泊した宿坊の、不要なものが一切ない畳と襖《ふすま》だけの空間。精進料理の五臓六腑に染み渡るような深い味わい。

縁側に一人腰を下ろし、庭を掃き清める若い修行僧を眺めていると、こんな感覚が湧き上がってきました。断捨離を、「場」「空間」「生活」で表現するならば、

高野山という「場」
宿坊という「空間」
修行僧の「生活」

というようなものになるだろう、と。私はたちまち家に帰りたくなりました。すぐにでもこの感覚を、我が家で再現したくなったからです。

高野山で味わった清々しい「場」や「空間」に近づくには、過剰な設備も高価なインテリアも必要ありません。「空間」という余白と、胸いっぱい深呼吸したくなるような「空気感」さえあればいいと確信しました。

高野山での気づきは、空間の持つ力をまざまざと思い知らされ、断捨離のビジョンが明確になった、かけがえのない体験となったのです。

そして帰宅後、私の断捨離が一気に加速したのは言うまでもありません。

当時の私は、モノを減らす重要性はよく理解していたつもりですが、「モノを手放す・手放さない」というモノ視点だけで物事を見ていたように思います。もちろん、それはそれで大切なことですが、まだ表面的な理解にとどまっていたと思います。

なぜなら、高野山のような〝断捨離を体現した場〟に、それまで出会ったことがなかったからです。しかも、信仰の山であり、1200年もの間、聖なる時間を紡いできた場ですから、まさに「断捨離の究極のお手本」。身も心もどんどん清められていくような、圧倒的な空間の磁場を感じたのです。

「そうだ。私は、この空間を目指しているんだ！」

高野山での体験を経て、私の解釈は次のように刷新されました。


断捨離は、清々しい「場」と「空間」と「時間」をクリエイトする技法である。

「要る・要らない」という近視眼的なモノ視点ではなく、

- **自分はどうありたいのか？**
- **空間をどうしたいのか？**

ということを、全体を俯瞰《ふかん》して捉える必要性を感じたのです。

当然、それは、単なる「片づけ」の話ではないのです。


もちろん、高野山に行かなくても、自分の思考・感覚・感性を使って断捨離を続けているうちに、自然とその視点を身につけることはできます。

例えば、本棚という収納アイテム。

無造作に並んだ「本」が減っていくにつれ、「本棚」という空間を整えている感覚へとシフトします。本を減らすことに向き合っていたはずが、いつしか「本棚が美しく機能的であるためにはこのくらいの量がいい」という感覚に変わっていきます。視点が変わるのです。それは、**モノに明け渡した空間が自分に帰ってくる**ような感覚でもあり、知識量や偏差値、IQでは測れない人間の知性です。

私はこれを「**俯瞰力**」と呼びますが、**モノを俯瞰する力が身につくと、思考の精度が上がり、今の自分にとって最適な選択・決断を下せるようになるのです。**


では、「俯瞰力」とは、具体的にどういう力でしょうか？

史上最年少のプロ棋士として注目を浴びる藤井聡太七段が、幼少期に、パーツを組み合わせてビー玉の通り道を作っていく「キュボロ」というスイスの木製おもちゃで遊んでいたことが話題になりました。

彼は、大人でも難しいこのおもちゃを数分で解いて、母親を驚かせたと言います。このおもちゃは、木の中に、外側から見えない通り道があるのですが、それをどう組み合わせたらビー玉が通り抜けられるかが試されます。その結果、「空間認識能力」が養われ、それが将棋の強さ、戦略的思考にも影響していると言われています。

空間認識能力でわかりやすいのは、サッカーのＭＦ（ミッドフィルダー）が果たす役割です。ＭＦは、平面でありながらピッチを俯瞰で捉え「どの選手にパスをすればいいか」を判断する必要があります。

ピッチ全体を現状認識した後に、どれくらいの力でどの方向にボールをパスすればいいいか？　チームが勝つために「こうすべき」という行動を、瞬時にジャッジしているのです。

もちろん、こうしたプロ棋士やスポーツ選手が持つ「空間認識能力」が、断捨離で言う「俯瞰力」と全くイコールとは言い切れませんが、**住まいの断捨離を通じてモノ**

軸思考から空間軸思考へと移行し、俯瞰的思考を持つことができれば、私たちはきっと〝人生の達人〟になれるでしょう。

- 地位も名誉も学歴も経済力も関係ない、人生の達人への道です
- 自分のことがわかり、自分を好きになります
- 思考・感覚・感性が研ぎ澄まされて、「命のごきげん」を手に入れられます

それらを、モノとの関係性で、空間を創り出すことができるのが「俯瞰力」です。生きている限り、悩みは尽きませんし、解決すべき課題は次々と生まれてくるものです。断捨離では、そのために、まずは現状を認識することから始めます。

そして、**モノの取捨選択を通じて自分を知り、自己肯定感を高めていき、モノ軸から空間軸へとシフトできた頃には、悩みに翻弄《ほんろう》されることなく、果敢に対処していける力を身につけることができるのです。**

それどころか、運・不運にこだわることもなく、それすらも経験と捉えて、自分らしく人生をごきげんに生きる視点を身に付けられるのです。

「モノの整理」と「空間のクリエイト」の違い

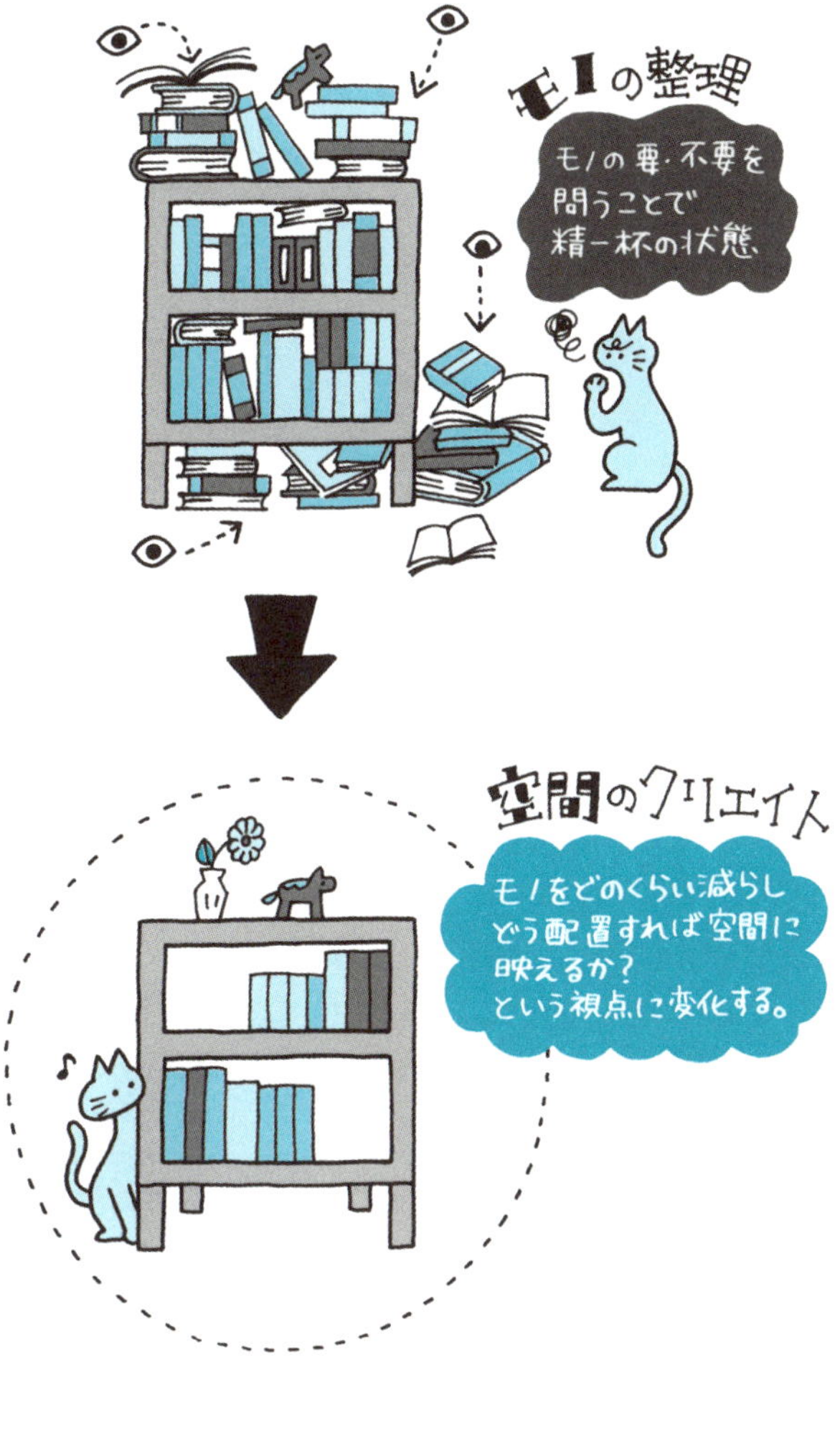

「カラダ、ココロ、命」のメカニズムが回復する

東洋の身体観に「**部分即全体・全体即部分**」という考え方があります。足裏や手の平、耳などのリフレクソロジー（反射療法）と呼ばれるセラピーが有名ですが、例えば、足裏の特定の部位を刺激することで、それに呼応する部分をケアできる、という考え方です。卓越した施術者が足裏の状態を見て触れれば、その人の全身の状態もわかる、というのです。

数学や幾何学の世界においても似た考え方があります。例えば自然界でいうと、葉の葉脈が、その木全体のフォルムに似ている、というような相似現象で、「**フラクタル（自己相似的）**」と呼ばれています。

断捨離でも、「部分即全体、全体即部分」「フラクタル」の概念を受け入れていて、次のように考えます。

「住まいを見れば、その人の内面や人間関係がわかる」「お財布を見れば、その人の住まいの状態がわかる」

これは、今まで数え切れないほどの住まいを見てきたから言えることですが、これは私だけの特別な能力ではありません。

私たちは、日頃、相手の何気ない表情や話す言葉のニュアンスから、その人のココロを推し量ることを普通にやっています。「部分がその人自身を投影している」という考え方です。そんな「部分即全体」を、断捨離では「空間」に落とし込みます。

セミナーで**「私たちの、カラダという容れ物には何が入っているでしょう？」**と問いかけると、皆さん「筋肉」とか「胃袋」とか、いろいろと口にします。たしかに筋肉も胃袋も入っているのですが、ただ入っているだけでは機能しません。もっと肝心な「**生きるためのメカニズム**」が入っているのです。いえ、むしろ宿っていると言うほうが正しいかもしれません。それを一言で言うと……「命」。

ちなみに、「カラダ」の語源は「空」「殻」ですから、まさに容れ物なのです。

では、私たちの住まいは何の容れ物でしょう？

住まいとは、「カラダ」の容れ物です。そして、「カラダ」には「命」が宿っているのですから、住まいには命を健やかにするモノを置いてしかるべきなのです。逆に、命を健やかにしないモノは排泄《はいせつ》しなくてはいけません。

そして、「カラダ」という空間には「ココロ」が入っています。「気持ち」と言ってもいいでしょう。

では、「ココロ」も容れ物だとしたら……中にあるのは「意識」です。この「意識」も大きな影響を及ぼします。自分を喜ばせる意識なのか、自分を否定する意識なのか。意識の内容が自己肯定感に影響します。その影響がカラダに表れたり、住まいに映し出されたりするのが、「部分即全体」のメカニズムで、ロシアのマトリョーシカ人形のような入れ子構造になっています。

でも、目に見えない「ココロ」はわかりにくいし、「カラダ」は表は見えても中は見えないし、「命」も見えません。

断捨離の根本にある考え方は「新陳代謝」です。住空間は常に代謝（＝入れ替え）している状態が望ましいのですから、「入ってきたモノは活用し、使わなくなったモノは排出する」サイクルが続くことで、その場には活性エネルギーが満ちてきます。

「ココロ・カラダ・住まい」は入れ子構造になっている

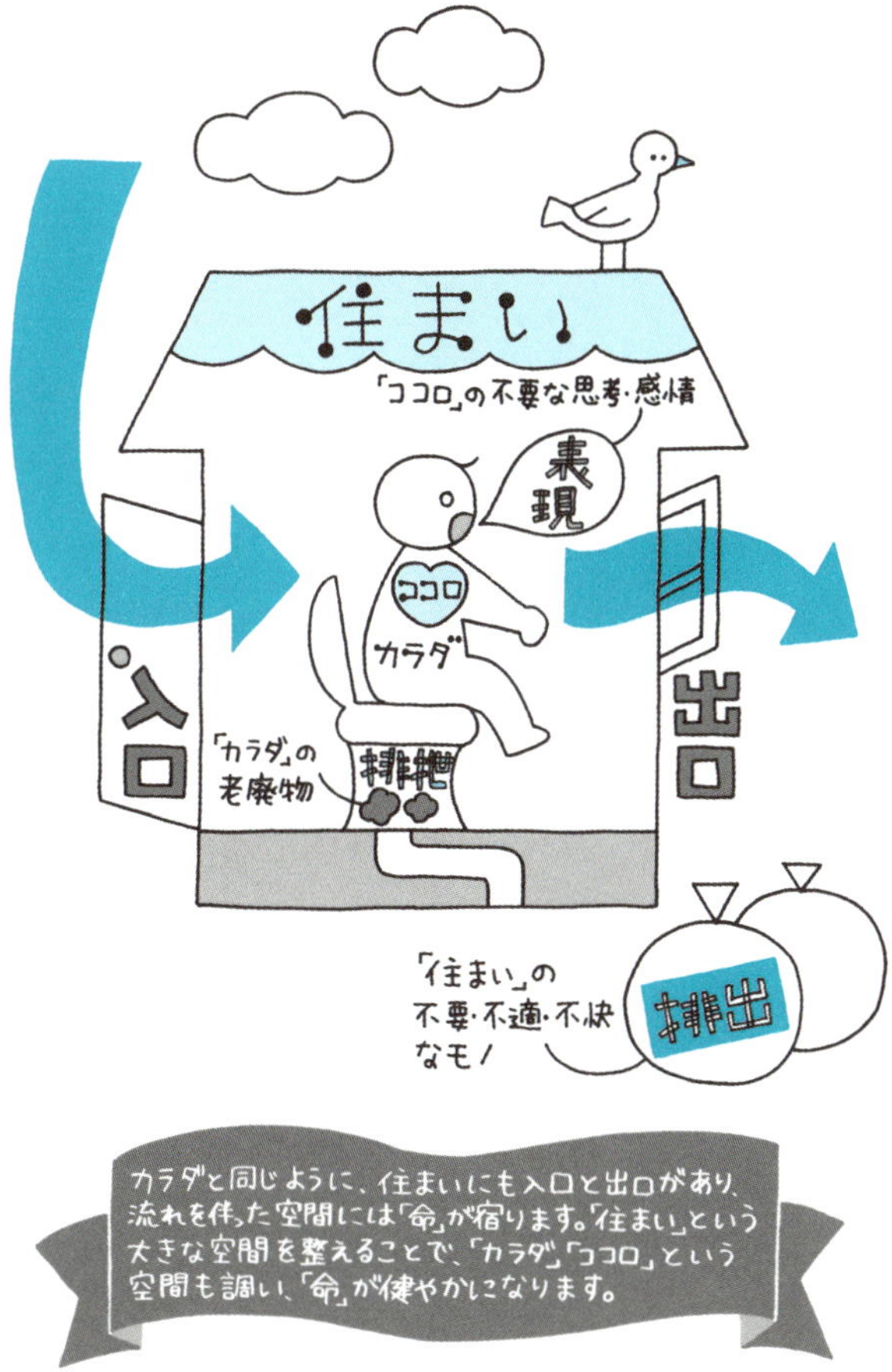

カラダと同じように、住まいにも入口と出口があり、流れを伴った空間には「命」が宿ります。「住まい」という大きな空間を整えることで、「カラダ」「ココロ」という空間も調い、「命」が健やかになります。

これは「カラダ」においても言えることですが、じつは「ココロ」においても言えるのです。思いや感情を溜めてばかりで出さなければ、思考するばかりで表現しなければ、感情も思考も滞ってしまいます。

「カラダ」「ココロ」「住まい」には全て入口と出口があり、その間には「流れ＝新陳代謝」があることで成り立っています。この3つの中で、一番わかりやすく、自らの手で出し入れできるのが「住まい」なのです。

「カラダ」「ココロ」「命」といったものは「住まい」に内含されている上に、「住まい」の全てに関連しています。だからこそ、不要・不適・不快なモノを手放していくことが、3つ全ての「空間」の機能回復に繋がるのです。

そうした構造を持つものは、私たちを取り巻くあらゆるところで見受けられます。言うなれば、私たちの人生も「空間」として捉えることができるのです。

人生の入口でオギャアと生まれ、人生の出口という死がある。その間に、どんな出来事や人物と出会い、別れるのか。あるいは、会社、学校、自治体……といったものも、出入口のある流れのある空間だ、と理解できます。そうした全てを、有機的な命ある営みだと捉えれば、それらが本来あるべき状態も、自ずと見えてくるのです。

コミュニケーション力が格段に向上する

時間、空間、手間……断捨離を知れば知るほど、「間」という字に行き当たります。この「間」という文字に込められたメッセージとは何でしょうか？「間」を理解するには、人間関係が手っ取り早いようです。

人間関係を良好に保ちたければ、「間」を意識する必要があります。この場合の「間」とは、「空間の間＝距離」と「時間の間＝頻度」と考えるとわかりやすいでしょう。あるいは、空間と時間の「密度」と考えても結構です。

人間関係は、お互いの距離が近すぎても離れすぎていても、接触の頻度が高すぎても低すぎても、機能不全を起こします。

距離が近すぎればうっとうしく、距離が離れすぎれば寂しく感じることもあります。

また、頻度が高くなりすぎれば面倒になり、頻度が低すぎれば見捨てられたような気になるものです。

以前、こんな話を聞いたことがあります。

幼少期から10代後半までアトピーに悩まされ続けた女性がいました。西洋医学はもちろん、漢方、鍼灸《しんきゅう》、整体などあらゆる代替医療も試しましたが、症状は一向に改善されないまま高校を卒業し、親元を離れて大学へ進学しました。両親にとっても、治療にかけた時間、労力、金銭的なエネルギーは相当なものだったでしょう。

ところが驚いたことに、親元を離れたとたん、彼女のアトピーはスッパリ治ってしまったのです。

アトピーとは、未だ原因がはっきりしない病気。ギリシャ語の「奇妙な、不思議な」という言葉が語源とされているほどで、明確な治療法も確立されていません。

ですから、アトピーで悩む人が全て、彼女のような形で治るわけではないと思いますが、あらゆる治療が効かなかった彼女は、両親と距離を置くことで、何事もなかったかのように完治してしまったのです。

補足すると、彼女と両親の関係性は、決して悪いものではありませんでした。彼女自身も、真面目で厳しくも優しい両親を尊敬しています。

しかし、自分の治療のために東奔西走してくれた両親には深く感謝していながらも、ココロのどこかで重く感じていました。ただ、こうした両親と彼女との間の「機能不全」は意識に上ることなく、カラダの悲鳴を通して訴えられていたのです。

つまり、近い関係ほど、お互いにとって程よい時間と空間の密度を保とうとする意識——近いほうがいいのか、少し距離を置くほうがいいのかは人それぞれです——が必要なのです。そして、それは永遠に続くわけではなく、今の彼女と両親にはまた別の、程よい距離・会う頻度があるのです。

このように、人間関係は、空間と時間の密度がその関係性に大いに影響します。親子、夫婦、兄弟、友人、上司部下……あらゆる関係に言えることですが、これは、口で言うほど簡単なことではありません。その時、その場にふさわしい「間」を理解し、程よい密度で接するのは至難の技です。多くの人は、かつての彼女のように、原因もよくわからないまま「間」の悪い人間関係をやり過ごしているのですから。

だからこそ、**「間」を意識することで、他者とのコミュニケーション力が格段に向上する**のを実感できるでしょう。

そもそも、「人間」という字は、「人」単体ではなく「間」があってこそ成り立つものですから、その「間」が、よく機能しているか、いないかを意識することです。これが日常生活の中でごく自然にできるようになれば、モノ・コト・ヒトのあらゆる対象と機能的な関係を築いていくことができます。

「間」を理解するには、会話の上手い人を参考にするのがいいでしょう。会話が上手な人は、例外なく「間」の取り方がいいものです。こうした技術を「話芸」として芸術にまで高めているのが、第一線で活躍する芸人や噺家《はなしか》です。

実力も人気も当代随一と謳《うた》われる、ある落語家のこんなエピソードを聞いたことがあります。

二部構成の噺の際、第一部の最後に「休憩が終わったら、すぐに始めます」と予告し、第二部がスタート。シーンと静まり返った会場で、今か今かとお客さんは固唾《かたず》を飲んで身構え、始まるのを待っています。

すると、その緊張した空気を察した噺家は、一言。

「……息はしていいんですよ」

とたんに客席がドカーンと沸き、力が抜けたところで、すかさず本題に入りました。

この緩急、これこそ芸の持つ間合い、タイミング。客席がいかに喜んで、その噺家が作り出す場や空気に身を委ねているかが伝わってきます。

とくに落語は、噺の面白さ以上に、噺家が生み出す間合いを楽しむ芸ですが、あらゆる芸能・芸術において「間」の重要性は広く語られています。

これは芸の世界における話ですが、私たちにとっても、ごきげんに生きていく上では、こうした間合い、タイミング、まさに「息が合う」という感覚は欠かせない要素です。

時間・空間・手間（労力）それぞれの「間」を意識し、当意即妙に対応することができたら、人間関係はよりよく機能し、コミュニケーションはより質の高いものになり、ますます人生はごきげんになっていくでしょう。

もうおわかりですね。

日常生活の中で誰にでもできる〝間〟の体得方法が、「断捨離」によるゆとりある空間づくりです。目に見えるモノを通して空間を俯瞰し、住まいに「間」を取り戻していく作業、と言ってもいいでしょう。

具体的には、P103の「7・5・1の法則」のように、モノを空間に応じた最適な量に絞り込み、適切な「間＝ゆとり」を空間に与えていくことです。

- **モノを詰め込みすぎて「間を欠いて」いないだろうか？**
- **モノを減らして「間を置いて」みるとどうなるだろうか？**
- **モノを選んで「間を配す」とどんな気持ちになるだろうか？**

そう自問することで、空間が清々しい呼吸を取り戻していく実感を得られるはずです。ただ、これはあくまで目安。**空間全体を意識できる思考・感覚・感性を身につければ、あとは自ずと、自分にあった間合いをはかることができます。**

先ほどの芸の話とも繋がりますが、ある放送作家によると、お笑いで大成功する人というのは、部屋がスッキリしていてモノが少ない人が多いそうです。

お笑いとは当然、頭脳明晰《めいせき》でないとできないものですが、とくに求められるのは、適切な例え話を引用できる発想力と即興力です。それは記憶が整理されているのと同時に、余白に「気づき」や「ひらめき」が宿るからではないでしょうか。

理屈を超えた解釈ですが、住まいのありようが、芸に投影されていると言っていいかもしれません。

断捨離とは、「間」の創出でもあります。

その積み重ねが、時間の「間」となり、言葉の「間」となり、ふれあいの「間」となり、その時、その場で人間関係に最適な「間を持たせる」ことになるのです。

人生の達人とは「間」の達人です。そんな「間」の術《すべ》を、日常生活で楽しみながら手に入れよう、というのが断捨離の提案です。

想像以上の愉しい人生が待っている

物質の最小単位は「素粒子」ですが、近年、空間の最小単位として、「素領域」というものの存在が証明されつつあるそうです。素領域の集合体が、通常の物理法則を超越した存在を生み出しているそうで、素領域の空間に「愛」や「祈り」などの意識を持って働きかけると、大きな力を味方にすることができると言う専門家もいます。

これ以上のことは専門外の私には説明のしようもないことですが、「間」がスペース（ｓｐａｃｅ＝宇宙）と表されることは偶然ではないですね。「何もない」と思われるところにこそ、大切なものが宿っているのです。

しかし、全く何もないわけではありません。

そこには、私たちを助け、心を浮き立たせ、心地よくさせる、ごきげんな関係性で結ばれたモノがあってこそ、温かいものがその「間」に満ちていくのです。

断捨離は「執着を手放す行である」という理解からスタートしましたが、今の私は、あえて「**執着を研ぎ澄ませる方法**」だと表現しましょう。なぜなら「執着を手放そう」という発想自体が、大きな執着に違いないからです。

断捨離によって得たモノも、コトも、ヒトも、私たちにとって愛しいからこそ選び抜いたのです。あなたの執着を研ぎ澄ませた結果なのです。

私も試行錯誤しながら断捨離の道を歩んできましたが、それは、私自身の人生が大変革を遂げていく道でもありました。そして、たくさんの方々が断捨離を実践し、目にも鮮やかな転身を遂げています。なぜ、モノを絞り込み、空間を整えていくことで、人生を変える力を持つのか？　それは、次の一言に尽きると思います。

断捨離で空間の力を味方につければ、
想像以上の愉しい人生が待っている！

さあ、ご一緒に、断捨離で命のごきげんを取り戻し、あなたらしい愉快な人生を歩みましょう。

第４章

断捨離で「ごきげん」に生きる

「今に生きる」「結局は自分」「与える」
を肝に銘じて
断捨離を進めていけば、
呼吸を取り戻した美しい空間で、
人生をごきげんに、自在に生きていけます。

「出す」を制限すると、ごきげんになれない

繰り返しておきましょう。断捨離とは「**出す**」こと。単なるゴミ・ガラクタであれば、「ゴミ出し」すればいいですし、今の自分との関係性が終わったモノやエネルギーを奪われるようなモノであれば、捨てるなり、リサイクルするなりして、適切な方法で出していく。

入るだけ入ってきて出ていかない空間は、私たちを停滞させていきます。

２０１１年の東日本大震災はまだ記憶に新しいと思いますが、あの時、被災地では無事に助かったのに、避難所で亡くなられた方が数多くいらっしゃいました。それには〝排泄《はいせつ》〟が大いに関係していたと、内閣府の「『暮らしの質』向上検討会」の席で伺いました。

避難所では、お弁当や炊き出しはありますから、多少物足りなくても、なんとか栄養を摂《と》ることはできます。ところが、トイレの数が足りなかったため、排泄を我慢していた高齢者の方々から弱っていったそうです。トイレ自体もすぐに詰まってしまい、行きたくても行けない状態だったそうです。それほど排泄は人間にとって大事なことであり、同時に盲点でもあったのですね。

大きな災害が起こった時、私たちは、被災地に「食べ物を送ろう」という発想はすぐに浮かびますが、「トイレを送ろう」という意識にはなかなかなりません。ここでもやはり、取り入れることばかりに目が向いてしまうのです。

私たちは生まれてから成長していく過程で、「出す」ことに制限を余儀なくされてきています。「便秘になるのは、人間とペットだけ」と聞いたことがありますが、野生動物と違い、人間とペットだけが、好きな時に好きな場所で自由に排泄できない生活を送っている。生理的な欲求を我慢せざるを得ない状況に何度となく直面し、もはやそれを無意識に受け入れている状態なのです。

ゴミも同様です。私たちは、好きな時に好きな場所にゴミを捨てるわけにはいきません。収集日や分別のルールを守らなければいけませんし、不要なモノを捨てると決めることにもブレーキが働きます。

ですから、あえて過激な言い方をすると、**「私たちは、押入れを、クローゼットを、天井裏を、床下をゴミ置場にしている」というのが実態なのです。**

つまり、**住まいの〝排泄〟が滞っているから、住む人に元気が出ない、やる気が出ない。その結果として、萎《な》えていくのです。これでは、「ごきげんに生きる」ことはできません**し、ただの〝片づかない〟どころの話ではありません。

「出す」ということは、モノだけでなく感情においても大切なこと。モノとココロ、一見違うようでいて本質は同じです。それを実感された方の話をご紹介します。

体験談9 自分の感情を出せば、他人の観念に左右されない

断捨離セミナーには、「モノが捨てられない」ことに起因する悩みを抱えてさまざまな方が来られますが、その中の1人、早智さん（仮名）がとりわけ深い悩みを抱えていることは、その暗い表情からも読み取れました。

「亡くなった息子が遺《のこ》したモノを捨てられなくて苦しいのです。大きなモノはなんとか手放せたのですが、そこから先がどうにも進みません。いつまでも悲しんでいてはいけないから、早く処分して前に進みたいのですが……」

ところが、その言葉にはどこか違和感があったので、『『いつまでも悲しんでいてはいけない』というのはあなた自身の思いですか？」と私が尋ねると、早智さんは首を横に振ります。じつは、そんなことを言っているのは、周りの人たちで、早智さん本人はまだ悲しみでいっぱいだったのです。

そこで私が「どうか思い切り泣いてください。悲しみを封じ込めないで」と言うと感極まった様子でした。早智さんの1歩も進めない苦しさは、捨てられないからではなく、自分の感情に許可を出していないことに起因します。一見善意からくる他人の観念に無意識に同意しようとして、辛い思いをしていたのです。

私は早智さんに、他人の観念ではなく、自分の素直な感情を自分自身で見つめることがいかに大切かをアドバイスしました。

自分に蓋《ふた》をしていた感情を、まず出すこと。どれだけ時間がかかってもいいから、感情を出し切ってはじめて、早智さんは新たな1歩が踏み出せるのです。

主体的な生き方をするようになる

以前、警察関係者やメディアの記者たちの生の声として、
「犯罪者の家や犯罪が起こる家は、モノが溢《あふ》れ、すさんでいることが多い」
と聞いたことがあります。

こうした事件は、何らかの「原因と結果」の表出だとは思うのですが、断捨離では、「相」として見ていきます。

「相」とは、手相や人相に代表されますが、「見える世界」の情報からその裏側にある「見えない世界」の状況を診断するものです。ですから、犯罪の場合は、「すさんだ住環境」が犯罪者の「相」として表れているという見方をします。手相や人相を変えることは難しいと思いますが、**部屋の「相」ならすぐにでも変えられるはずです。**

私はセミナーでよく、ドイツの詩人・ゲーテの次の言葉を引用します。

「人間の最大の罪は不機嫌である」

その犯罪には、直接のきっかけや原因があったかもしれないけれど、間違いなく、不機嫌が高じた結果だと思います。そして、犯人の不機嫌を増幅させた要因に、すさんだ住環境があったのではないか、と思えてなりません。

住環境にはそれほどの力があることを、意識しておきたいもの。そして、住環境をよくするためには「出す」ことが大事、とは再三お伝えしたとおりです。

では、「出す」ことを意識して行動するとどんな変化が起こるでしょう？

- 暮らしに「流れ」が生まれてきます
- 人生に新陳代謝が起こります
- 出すことの大変さを知っているので、取り入れることに慎重になります
- 自分にとってよりよく機能するモノを取り入れることに意識的になります
- やがて、モノは適量になり、暮らしのサイズも最適化されます

ですから、**断捨離して、「ダイエットにも成功した」という人は少なくありません。「お金が貯まるようになった」という人もいます。**「食」と「お金」で同じような意識改革が起きた証拠です。

また、対照的に、「暮らしのグレードを上げたくなったので、インテリアにお金を使うようになった」と言う人もいます。

モノとの関わりに変化が起きるのと同時に、内面的にはこうした変化も起こるのです。

今まで、なんとなく生活していたのが、モノを手に取りながら、時間軸（今）と重要軸（自分）を考え、空間とのバランスや関係性を問う思考が身につくことで、「今、ここ、私」を意識できるようになるのです。

つまり、**主体的な生き方をするようになっていく**のです。

家族関係の悩みを手放せる

断捨離をスタートして最初にぶつかる壁の1つが、家族や同居人との関係です。**自分のモノを見る視点が変わるにつれて、相手のモノが疎ましく思えてくる**のです。「こんなに私は頑張っているのに！」「どうしてこんなガラクタを取っておくんだろう！」といった怒りがフツフツと湧いてくる人も多いのです。

人間も動物ですから、同じ空間に2人以上いれば、お互いのマーキング行動が始まります。それは、誰もが持つ〝承認欲求〟、つまり「認めてよ」「わかってよ」という気持ちの表れ。犬と違って人間の場合は、モノでそれを行います。その気持ちが満たされていなければいないほど、行動がエスカレートする傾向にあります。

また「相手と理解し合おう」という意識が希薄であればあるほど、相手のモノはゴミ・ガラクタに見えるもの。ですから、つい、「そのガラクタを捨ててよ！」と言ってしまったり、勝手に処分したりして諍《いさか》いが生じてしまう。

同居人がいる住まいで断捨離をする際に注意しなければならないのは、**どんなに相手のモノが気になっても、勝手に手をつけてはいけない**ということ。

たとえ家族であっても、自分のモノを勝手に捨てられるのは、「本来、自分自身が行うはずの選択・決断の領域を侵される」こと。人生の選択・決断は全て、その人自身のものです。

相手のモノがゴミ・ガラクタに見えた時は、相手の〝承認欲求〟をきちんと認めてあげること。「あなたのことを、わかろうとしている」という姿勢を見せることで、結果的にマーキング行動が鎮まることはよくあります。

でも、じつは「**相手のモノが気になる人ほど、自分のモノの始末は十分ではない**」というケースがほとんど。

それなのに「あの人のモノのせいで……」という他罰、被害者意識を持ってしまい、長い期間にわたって、根深い負の感情を抱き続けることが往々にしてあります。

また「どうしてやってくれないんだろう」という、相手頼みの思考を続けていると、自分も相手もストレスが増すばかりで、事態はけっしていい方向に向かいません。

では、どうしたらいいでしょう？　これには極意があります。

自分自身が愉《たの》しみながら、自分のモノを断捨離していくのです。「断捨離ってすごい！」「やり始めたら、ココロまでスッキリしてきた！」などと愉しそうに取り組む様子が伝われば、相手のココロも氷解してきます。愉しんでやっている姿にこそ、訴える力があります。

また、「これ、捨ててよ！」ではなく「お気に入りを選んでね」といった言葉の伝え方も大切です。私たちは、「お互いの価値観を尊重しよう」という思いやりの欠如から、自分の価値観を押し付けてしまうから。ですから、相手を責めそうになったら、まず「なぜ彼（彼女）はこういう行動を取るのだろう？」と考えてみます。そして、相手に「～してほしい」という期待はできるだけ手放していくこと。

これは、完全には難しいのですが、「あ、今、私は相手に過度な期待をしているな」と意識するだけでも、相手への思いやりが芽生えるものです。

私たちが抱く悩みの多くは人間関係に起因していますが、じつは、**悩みを生むベースとなっているのは〝相手への一方的な期待〟であることがほとんど。つまり、自分**

の価値観を過剰に相手に押し付けているのです。これは、相手への愛情・愛着とセットですから、家族や恋人など近い関係であるほど湧き起こります。

そうした感情は、それ自体を手放そうと心がけても、目に見えない心の領域ですから、簡単にはいきません。だからこそ、モノの断捨離を通じて、相手に対する期待や執着を少しずつ手放していくトレーニングを積むのです。

相手に期待したり、相手を責めたくなったりしたら、「まずは自分」を意識して自発的に行動を起こしていく。その積み重ねによって、私たちは相手との距離の取り方を学び、人間関係の悩みを手放すことができるのです。

そんな事例をご紹介します。

体験談10
「相手への期待」を手放したら、相手も変わった

数年来、断捨離を実践し続け、「ココロの解放感を味わっている」と語る美香さん（仮名）ですが、コレクター体質の夫が悩みの種でした。断捨離が、いかに

面白くて有意義な片づけメソッドであるかをたびたび話すものの、夫は関心を示しません。

美香さんの夫は、コレクションが趣味で、書斎だけでは足らず、レンタル倉庫を借りてまで、モノを買い続けています。集めているのは……真空管ラジオ17台、絵画20点、化石、隕石《いんせき》、コインを衣装ケース（大）1箱分、クラシックCDと本の全集セット100冊、その他蔵書300冊。一番驚いたのは、倉庫にあった未開封の段ボール2箱の中身。恐る恐る開けると、ネットオークションで買った「縄文土器」のかけらが山ほど詰まっていました！

このままでは家が魔窟になってしまう、と危機感を持った美香さんですが、夫はまったく聞く耳を貸さず。むしろ、ますます意固地になっていくばかり。

そんなある日、出勤する夫の後ろ姿を見ると、背中が小さくなったように感じて……。職場での責任が大きくなるのに比例して、疲れた表情も多くなった感があります。「夫は、今の住まいに心地よさを感じているのだろうか？」と、改めて夫の書斎を覗くと、モノで溢れたカオス状態で床すら見えません。

翌日、美香さんは夫にお願いをしました。

「あなたの部屋を私の手でステキな書斎に生まれ変わらせてください」。そして「捨てて」とは言わずに、「モノを一時保管スペースに置かせてほしい」と。

そこで美香さんはまず、趣味のモノを分別。一番好きな真空管ラジオを壁面収納で素敵にディスプレーして、化石や隕石は月ごとに玄関に展示することに。

夫は、自分のコレクションが、玄関に飾られていることに大喜び。しかも、飾りきれないモノを丁寧に保管する妻の姿を見て、「手放さない」の一点張りだった夫が「これほどの量はいらないよ」と言い出したそうです。結果、貴重な化石や真空管ラジオを郷土博物館に寄贈し、かなりの量を減らすことができました。

まるで北風と太陽のような話です。美香さんは無理やり処分するのではなく、夫に空間の心地よさを知ってほしかったのです。ただ、1つ約束したのは、1年後に保管スペースに置いたモノを確認すること。その上で、1度も開封してないモノについては、今後どうするかを、2人で話し合うことにしたそうです。

最近は、以前ほどモノを買わなくなった夫ですが、同時に、この方法を通して、美香さん自身も「片づけさせたい」気持ちから、離れることができたのです。

人生をごきげんにする3つの大原則

「成功」をテーマにしたビジネス書や自己啓発書を読んでいくうちに、気づいたことがあります。それは、どの本も、次の3つの大原則を、さまざまな言葉を尽くして綴っているだけなのではないか、と。

- 今に生きる
- 結局は自分
- 与える

「与える」は、断捨離の「捨」に相当します。P46で「捨てる」と「棄てる」の違いを述べましたが、「捨てる」には「施す」という意味があり、抽象化すると「出す」

に行き着きます。成功するには、何事も貪欲に「取り入れる」のかと思いきや、その逆。どんどんと手放し、周囲に与えていくことで大きな循環が起こるのです。

「今に生きる」は「時間軸は今」、「結局は自分」は「重要軸は自分」の考え方に相当します。モノの取捨選択における2つの目安と、人生を切り拓くための心がけとが共通するのは、ただの偶然ではないでしょう。

私たちは日々、何らかの選択・決断をし、モノを取り入れています。それは、見方を変えれば、選択・決断をするための「時間」と「手間」、さらにはモノに対する「思い」も取り入れていると理解できます。つまり、モノとは「時間」「手間」「思い」の象徴としてそこにあると言ってもいいかもしれません。ですから、断捨離によって、**〝お気に入り〟のモノに絞り込むということは、「過ごす時間、かける手間の質を向上させる」ことになります。**

また、**「今」の「自分」と生きた関係性のモノに絞り込むことは、「ココロと物理世界のすり合わせ」**とも表現できます。それは一体どういうことか考察してみます。

モノは、「カタチある動かない存在＝物体」としてそこに留まります。しかし私たちのココロは、「いつか、そのうち」「あの頃はよかった」などと、未来へ、過去へとせわしなく行き来しています。

そこにカタチはありませんが、そうした思いの証拠として、手に入れたモノの集積が目の前にあるのです。いつか無くなったら困る不安の象徴である過剰なストック品や、かつての輝かしい栄光グッズなどです。

しかも、それらの〝証拠品〟を目にすることが日常化すれば、私たちは余計に「今」を見失うことになります。目の前に物理的にあり続けて、私たちの意識・無意識に作用し、「今」を生きていいはずの私たちをますます阻害するのです。

だからこそ、**「今」の「自分」と生きた関係性のモノに絞り込むことで、私たちが「今を生きる」ことを応援する環境が整い、成功の3原則にも近づいていくのです。**

とはいえ、人によって成功の価値観は違います。お金持ちになることが成功なのか、有名になることが成功なのか。何をもって〝成功〟とするかは人それぞれ。しかし、どの成功者にも共通するのは「人間関係という財産」を得ている、ということではないでしょうか。私自身、**「断捨離のおかげで、人間関係という大きな財産を積み上げ**

ている」という実感があります。

また、最大の内面的な変化は、**自分に対しても他者に対しても「素直」でいられるようになったこと**です。これは口で言うのは簡単ですが、とても難しいこと。

それはまさに、住まいにはびこる「不要・不適・不快」なモノを取り除き、「要・適・快」なモノに絞り込んだ状態です。結果的に「家中、どこを見せても、また見られても大丈夫」な自分でいることは、想像以上に自信に繋《つな》がることでした。

自宅を訪れる方からは、よく、「本当にどこを開けてもキレイなんですね！」と驚かれます。自分としては、断捨離を伝える立場として、ごく当たり前のことをしている、という意識ですが、これはなかなか普通ではあり得ないことなのでしょう。

けれど何より、私にとって**断捨離は、面倒な片づけという家事労働ではなく、「快」を伴った住まいのメンテナンスであり、人生をごきげんに生きていくためのケアツール**なのですから、ごく自然なことでもあるのです。

こうして自分の思考・感覚・感性に素直になれると、他者に対しても裏表なく自己開示できるようになっていきます。つまり、自分を自然に出せるようになる。すると、相手も私に対して警戒心を抱かなくなります。そうしていくうちに、「いい出逢い」が加速度的に増えてきました。

では、「いい出逢い」とはどういうものでしょうか？　それは、仏教の言葉、「**啐啄**《そったく》**同時**《どうじ》」を思わせるものです。

鶏の雛《ひな》が卵から産まれ出ようとする時、雛が中から殻をつついて音をたてることを「啐」と言い、この時に親鳥がすかさず外から殻をつついて破ることを「啄」と言います。この「啐」と「啄」が同時であってはじめて、殻が破れて雛が産まれるのです。

これになぞらえて「啐啄」とは、今まさに悟りを得ようとしている弟子に、師匠がすかさず教えを与えて、悟りの境地に導くことを意味します。私が雛だとしたら、これまでの数々の出会いは親鳥のようです。私が殻を破って出たいと思っている時に、絶妙なタイミングで外側からの応援が現れる、というような。

つまり、**モノの断捨離を通じて「今に生きる」「結局は自分」「与える」という3要素を実践していくうちに、自分の内側で起きている変化と外側での出会いが、不思議とリンクすることがどんどんと増えていったのです。**

「啐啄同時」を重要視する整体の世界では、これを「機・度・間」とも言います。

- 機…機会、タイミング
- 度…度合い、力加減
- 間…間合い、リズム感

優れた整体師は、相手のカラダが欲する「機・度・間」を的確に捉えます。

私の人生においても、断捨離を通じて「機・度・間」がどんどん的確さを増していきます。内的世界と外的世界の歯車がピタッと噛《か》み合ってくるような感覚です。

本当に数え切れないほど、そうしたありがたい偶然がありましたが、中でも印象的だったのは、数年前、ある研修旅行で起きた出来事。

海外での研修だったため飛行機での移動だったのですが、たまたま偶然が重なって、本来予約していた座席ではなく、ファーストクラスに搭乗することになりました。

当時、ファーストクラスに乗ること自体が初めての経験。しかも驚いたことに、隣の席には、長年尊敬し、憧れを抱き続けてきた、ある実業家の方が座っていたのです。

断捨離を思考のツールとして磨き上げていく中で、幾度となくその方を囲んだ勉強会や講演会にも参加してきましたが、直接、1対1でお話ししたのはその時が初めてでした。会話自体は何気ないものでしたが、非常に感慨深い時間を過ごしました。

この偶然の出会いそのものが「今までやってきたことは間違ってなかったんだ」と背中を押してくれるような励ましに感じたことを、今でもハッキリ覚えています。

1人黙々とモノの断捨離をしていく中で、私と同じように「啐啄同時」を彷彿《ほうふつ》とさせる思いがけないことが起こり、人生が劇的に変わったと言われる方は少なくありません。そんな方の実例を紹介します。

体験談11

断捨離したら、念願のマイホームが手に入った

もともと主婦雑誌が大好きで、片っ端から読みあさっていた知華さん（仮名）。主婦になってからは、節約に没頭します。全てはマイホームを買うため。

「今日は3割引だからまとめて買っておこう」「ポイントが多くつくからなるべく雨の日に買い物に行こう」……と、時間と労力をかけ、「すぐには必要ないけれど、いつか必要になるもの」を安く買い溜めする日々。なぜなら、それが〝デキる主婦〟の姿だと思い込んでいたから。

そんな知華さんが、断捨離に出会って最も衝撃を受けたのが、自分がこれまで頑張ってきたと思い込んでいた、お金の使い方に関すること。

断捨離では、「気に入った商品を売っている方には、むしろたくさん支払うくらいの心意気で」という発想をします。例えば、ポイントを貯めてわずかな粗品をもらうくらいなら、むしろささやかでもお店に還元しよう、という姿勢です。

知華さんは、数十円の割引にこだわるのではなく、今の自分に必要かどうかが肝心だと気づきました。そこで、ポイントカードを全て破棄して、「欲しいのはポイントではなく、商品だ」と買い物の軸をはっきりさせたのです。

また、「食費を削るより、おいしい野菜を丹誠込めて作っている生産者の方に気持ちよくお金を払おう」と考え方を変えました。そうすることで食文化の素晴らしさに気づき、徐々に穀物菜食になり、食費も大幅ダウン。油を使う料理が減ったことで食器も水洗いで済むようになり、洗剤代も節約できました。

これをきっかけに、日々生活するのに、それほどたくさんのモノは必要ないと実感。ワードローブ、チェスト、カウンター、鏡2点、洋服30着を一気に処分し、段ボール3箱分の高価な海外のインテリア本を図書館に寄付しました。

その上で、手許に残したインテリアの本や雑誌から、キッチン、バス、トイレの好きな写真を切り抜きながら理想の家のイメージをノートにまとめていた矢先、夫から「物件を見に行こう」と言われたのです。

そして、1ヶ月後には、何気なく手帳に書き留めていた条件をほぼクリアする物件を購入することができ、イメージノートに近いデザインのリフォームもできました、と全く夢のような話。

「光と風を感じられる家」——が知華さんの理想の家でした。そして今、山が見える！　夕陽が見える！　潮風を感じる！　毎日が気持ちよくて、お日様のいい匂いのする衣服や寝具に触れるたび、幸せを実感しているそうです。

知華さんが断捨離で手に入れたのは、念願のマイホームだったのです。

断捨離がいろいろなことを、ごきげんにする

ここまでで、断捨離が人生を大きく変えるだけでなく、さらに、「ごきげんに生きるためのツール」だということをご理解いただけたかと思います。そこで、ここからは、断捨離の考え方を、片づけ以外の場でいかに応用し、いかに人生をごきげんなものに変えていくかについて詳しくお伝えしていきます。

断捨離を続け、住まいの気が滞りなく新陳代謝をするようになった時、自然に至る境地を「**自在**」と定義しています。自在とは、ちょっと難しい言葉ですが、簡単に言うと「**自分があるがままでいられて、ごきげんであり、全体の調和がとれた状態**」。あるがままでいるのに、自分勝手ではなく、むしろ周囲が助けてくれるようなイメージです。

例えば、生まれたばかりの赤ちゃんがわかりやすいでしょう。乳飲み子は、わんわん泣けばおっぱいがもらえ、排泄したら誰かがキレイにしてくれる。まさに自在な状態です。言い方を変えれば、**「必要なものは、必要な時に、必要なだけ得られる」**ことに疑いのない状態です。

しかし、少しずつ成長して経験を重ねるうちに、私たちのココロには不安や恐怖の感情が芽生えるようになり、未来に備え、過去に執着することを覚えてしまいます。また、一般的な教育を受けていけば当然、「目標達成にはまだ足りない」というふうに、自分を常に「減点法」で評価する癖もついてしまうもの（もちろん、社会で生きていくためには致し方ないことでもありますが）。

でも断捨離では、「加点法」でいいところを見ていくのです。「できていないところはまだまだあるけれど、デスクの引き出しだけは完璧に断捨離ができていて、これには自信を持てる」というように。

言うなれば、〝賢いアホ〟になる生き方。加点法的なモノの見方で「必要なものは、必要な時に、必要なだけ得られる」自在さへと一歩近づくことができます。

住まいのモノが最適量となって代謝するようになると、内面にも人間関係にも、つまり、人生そのものにいい流れ、いい循環が起こってくるのを実感できるでしょう。肩の力も抜け、微笑みが自然と溢れる、そんな毎日へとシフトチェンジしていることに気づくはず。

ある時、断捨離をしていくことで「花を活けるのが上手になった」という方がいました。どういうふうに花や枝を配置すれば、その空間を引き立てられるか。そうした空間全体を見る目も養われたと同時に、花材や花器に対するイメージが明確になり、迷いが少なくなったそうです。

高価でゴージャスなものから、素朴で何気ない雑器や草花に至るまで、そこにどんな素材を置けば、どんな効果をもたらすか。より一層美意識が高まり、細やかになっていくのですね。

それは、人間関係においては問題解決のために物事の大局を見る目もありつつ、悩む人の心の機微にも寄り添うような視点の行き来が自在にできるような人物です。全体を見る目も養われ、細部を見る目の精度も上がるのですね。

私は「**龍の目**（**視点を高く**）」「**蛇の目**（**視点を低く**）」と表現しますが、その**両方の視点を持つことができたら、人生の〝明度・彩度・輝度〟はぐんと増していく**でしょう。簡単なことではありませんが、「そうありたい」と私自身、日々勤《いそ》しんでいます。

「情報」をごきげんにする

現代日本は、情報溢れの社会。情報の不足はもちろん困りますが、私たちは、モノと同様に情報も過剰にあることで混乱させられることがあり、それは、情報がなくて困ること以上に、残念で不幸なことではないでしょうか。しかも、モノと違って空間を圧迫するわけではないからこそ、十分気をつけたいもの。

情報を考える時に私が念頭に置いているのは、ヨガの師の教え「**信じるな、疑うな、確かめよ**」という言葉です。疑わしい情報に関しても、その出典や根拠を確かめようとする姿勢があれば、振り回されることはありません。闇雲に信じることや疑うことこそ、間違いを生みかねないのですから。

とはいっても、自分1人で確かめるには限度があります。ごく身近な医療や栄養に関する知識にしたって、1人では判別しようのない専門的な事柄というのは数多くあります。そういう時、私は「この人の言うことなら信用できる」と自分が納得する、友人知人、あるいは専門家にあえて一任することにしています。

『徒然草《つれづれぐさ》』にこんな言葉があります。

「よき友三つあり。一つには、物くるる友。二つには医師。三つには知恵ある友」

二番目の「医師」とはまさに、専門的な知識を持った友人ということ。たとえ面識はなくとも、本やメディアを通じて知り得た心から信頼できる専門家と捉えてもいいでしょう。どういう形にせよ、**自分が信頼できる人がいるかどうかは、情報が溢れる社会の中で、正しい情報を選ぶ上で欠かせないことです。**

しかし大切なのは、万が一、その人が間違っていたとしても、その人を責めるのではなく「あくまで信じたのは自分だ」と理解すること。これもまた、良好な人間関係に欠かせない感性ではないでしょうか。

最近は「SNS断捨離」という言葉をよく耳にするようになりました。私たちには「人と繋がりたい欲求」がありますが、一旦SNSで繋がれば、「膨大な情報＝おしゃべり」が雪崩《なだ》れ込んでくる事態に悩まされる人が少なくないからでしょう。

　こうした、ＳＮＳ等で飛び交う〝勝手に入ってくる情報〟というのは、そもそも無用な欲求まで掘り起こされてしまうもの。フェイスブックやツイッター、インスタグラムなどの情報ツールは、それも踏まえて意識的に付き合う分にはいいと思いますが、気がつけば、大して必要でないものが欲しくなったり、繋がりたいわけでもない人と繋がっていたりと、思いと行動が本心とかけ離れた状況に陥っていきます。

　つい「ないと困る」「ないと不安」という気持ちになりますが、モノと同様に情報も、**「必要な情報は、必要な時に、必要なだけ得られる」**というくらいの、ゆったりとした距離感を保つことが大切です。こういう感覚が、今の情報過多の時代にはふさわしい気がしてなりません。

「時間」をごきげんにする

「時間がない」が口癖になっている人は多いと思います。

　それは、ギチギチに詰まったクローゼットの前で「着る服がない」と嘆いているのに似ています。空間を隙間なく「潰《つぶ》す」のか、「埋める」のか、あるいはゆとりを持って「満たす」のか、という視点は時間にも当てはまるからです。

ゆとりある空間を重視する断捨離では、時間を「満たす」ようなゆったりした日々の過ごし方を理想としています。どうやって？　と思われるでしょうか。これもまた収納をイメージします。予定と予定の間のファジーな時間を大切にするのです。

例えば、通勤や移動の時間。車窓をぼんやり眺める、ウトウトする、読みかけの本を読むなど、直面している仕事や用事から離れた時間の使い方をします。予定と予定の間にワンクッション置くことで、ココロに格段のゆとりが生まれます。

あるいはバスタイムもゆとりの時間になります。最近は、スマートフォンを持ち込んだり、スキンケアに励んだりと、ぼんやり湯船に浸《つ》かるのをないがしろにしている人も見受けられますが、そうではなくて、ただボーッと湯に身を委ねる。こういうゆとりある時間にこそ、柔軟なアイデアが湧いてくるもの。

また、よく遅刻する人は「もっとゆとりを持って！」とアドバイスされますが、時間の使い方が下手な人は、常にギリギリになる傾向があります。その対策として「5分早く集合しろ」とも言われますが、その5分を収納空間のモノとモノとの隙間のようなものと考え、5分をプラスした予定を「セット」として考えればいいのです。

ゆとりを持って収納されたモノが「取り出しやすく、しまいやすく、美しく、スッキリしている」のと同様に、**「焦らず、ゆったり、充実した時間」の使い方を心がければ、風が吹き抜けるような、呼吸がしやすい心地よさがあるのです。**ちょっとした意識の持ち方しだいで、格段に毎日が豊かに過ごせるようになります。

でも、実際にハードスケジュールをこなし、予定が詰まりに詰まった状況の人には、こうした発想は非現実的なことに思えるかもしれません。「自分軸」での用事や仕事ならまだしも、介護や育児など「他人軸」での案件を抱えている人もたくさんいるでしょう。そういう方々には、断捨離ではこう問いかけます。

「今、抱えている予定やto doは、あなたにとって要・適・快なものですか?」

「あって当然と思い込んでいるに過ぎない予定も、あるのではないですか?」

こうした形のないことにも、「要・適・快」の問いかけはとても有効なのです。その「やるべきこと」は、今は必要と感じるかもしれないけれど、忙しすぎて自分を損なってしまったら、元も子もないこと。だから一度、自分の都合で変えられるのに「あって当然」と思い込んでいる予定がないかを、精査してみるのです。

「その会議、その頼まれ事、本当にあなたがやる必要があるでしょうか？」

意外と「惰性で続けていた」「断りきれずに引き受けていた」ということも大いにあるものです。

「悩み」をごきげんにする

「悩み」は「心のガラクタ」のようなものです。

しかし悩みというのは、モノと同様、その渦中にいるとなかなか客観的に、俯瞰的に捉えることは難しいもの。そこでまず、悩みのジャンルを大づかみに整理してみます。すると、私たちが抱く「悩み」は、次の3つに分けられます。

- お金
- 健康

●人間関係

あなたの悩みはどれに当てはまりますか？　じつは、この中で一番根底にあるのは「人間関係」、という場合がほとんどです。

例えば、病気になって病院に入院するとします。

その際、病気の直接の原因は、ウイルスや年齢的な衰えによるものだとしても、病気を重くしている、あるいは快復を妨げている要因に、親子や夫婦など身近な人間関係によるストレスがあるケースは少なくありません。

また、入院費の支払いに困っている場合、直接的にはお金が足りないことだとしても、お金を援助してくれるような人間関係がない、というケースも考えられます。

こうして悩みを俯瞰し、抽象化していくと、私たちはつくづく、人との関わりの中で悩んでいるのだと気づかされます。

もう1つ大切な視点としては、悩んでいるように見えて、案外「愚痴」「自己アピール」に過ぎないという人もいます。悩みを「課題」として捉え、解決に向かって考えるのではなく、ブツブツ文句を言って現状に甘んじているようなケースです。

例えば、「ここが痛い」「あそこがしびれる」と言っては病院に通いつめる一部の高齢者は、痛みを治そうというより、病院で「愚痴」や「文句」をアピールすることが一種のコミュニケーションになっているようです。でも、本人には、その自覚がない。そんな高齢者を、果たして私たちは笑えるでしょうか。これは、誰もがやってしまいがちな、「悩みの解決」からは一番遠いパターンです。

では、断捨離では、「悩み」に対してどうアプローチするか？

1つひとつの悩みを解消するのではなく、自分の〝悩み体質〟そのものを改善することを考えていきます。悩んでいる自分自身の状態をよくしていけば、自ずと悩みは悩みでなくなっていくもの。

では、どうやって？　私自身、子どもの頃からつまらないことでくよくよ悩む傾向があったのですが、断捨離を通じてモノと空間を整えていく中で、そうした悩み体質から解き放たれた実感があります。

「悩む」というと、同じことをクドクド思念するような感覚がありますが、問題の対象について「悩む」から「考える」感覚へと変わっていきました。つまり「解決」の糸口を見つけるために思考を重ねることが、自然にできるようになってきたのです。

悩んでいる主体である自分がいる空間の環境を整えることは、内面世界を変えてくれます。1つ不要なモノを捨てれば、その分だけ心がクリアになる。それが、どんなにささやかな1個であっても……。

だから今も**「あ、ココロがモヤモヤしてきたな」と感じたら、断捨離をします。悩みを抱えた私の「容れ物」である「住まい」という空間をクリアに整えていくのです。**ゴチャゴチャした住空間にいれば、自ずと悩みも深まっていくに違いないのですから、**悩んだら、住まいを整える。**一見、遠いようですが、それが、悩みの根本解決に至る大きな足がかりになるのです。

「節約」をごきげんにする

断捨離がもっとも勘違いされるのは「清貧の生活」のような暮らしぶり。最低限のモノでつつましくやり繰りする美徳を否定するつもりはありませんが、そこを目指すのではなく、まずは余計なモノを出しきって、暮らしに「流れ」を取り戻すことこそが最重要、と考えるのが断捨離。

ムダ遣いは控えたほうがいいに決まっていますし、理想や目的があっての倹約はいいことだと思いますが、私たちはお金を節約することばかりに気を取られすぎていないでしょうか？　そして、お金の効果的な使い道、目的を意識することもないままに、「節約しなきゃ」という思いに駆られている人も少なくありません。

じつは、節約する対象は、大まかに次の3つに分けられます。

- お金
- 労力
- 時間

この3つを天秤《てんびん》にかけて考える癖をつけたいもの。

例えば、食洗機を導入するにはそれなりのコスト（お金）がかかりますし、住宅事情によっては、キッチンが狭くなるといった問題もあります。しかし、日々の皿洗いの労力と時間、電気代や水道代を考えた時に、

「メリットとデメリットのどちらが大きいか？」
「そもそも私は皿洗いが好きなのか？」
というふうに多角的に考えていって自分自身の着地点を見つけていきます。

節約と断捨離の共通点は「引き算の解決法」と言えそうですが、断捨離が目指すのは、減らすこと以上に「暮らしのごきげんさ」です。暮らしを最適化していくためのダウンサイジングでありスマートサイジングという発想。自分が「ごきげん」に暮らしていくためには、何を選び、何を手放すのか？

私の個人的な例になりますが、1人でまだ地道に断捨離というメソッドに磨きをかけている頃から、新幹線に乗る際に決めていたことがあります。それは、グリーン車を利用すること。なぜなら、繰り返し説いているように、ゆとりある空間に身を置くことに最大の価値を置いているから。

当時は主婦でしたし、金銭的なことも気にならないではなかったのですが、移動の時間を豊かなものにすることに価値を置いていたのですね。

世間の常識にとらわれることなく、それぞれの「要・適・快」に基づいて自分の優

先順位を意識し、〝ムダ〟を省いていく。あるいは投資していく。これこそ、節約を超えた、それぞれの人生のカタチにあった「スマートサイジング」なのです。

「結婚」をごきげんにする

ある女性誌のアンケートで、「断捨離したいものは何ですか?」の問いに対して一番多く挙げられたのは「夫」という答え。非常に残念で、考えさせられる結果です。男性に同様のアンケートを取った場合に「妻」と答えるかどうかはわかりませんが、果たして、妻にとって、婚姻関係を放棄したくなってしまう原因はどこにあるのか?

それを理解するには「結婚」という観念を今一度整理する必要があるような気がしてなりません。

私たちが言う「結婚」には、次の3つの観点があります。

- 精神的結婚
- 動物的結婚
- 社会的結婚

「精神的結婚」とはまさに、心の結びつき。本当の意味で愛情が持てる相手なのかどうか。相思相愛の間柄であれば、戸籍上、結婚していてもいなくても、精神的結婚をしていると言えます。

「動物的結婚」とは、人間も動物ですから、性的なパートナーということ。精神的にも、社会的にも不協和音が絶えない夫婦でも、肉体的な波長だけは合うから離れられない、というケースも少なくないと聞きます。

そして「社会的結婚」。戸籍の上で夫婦になること自体が、社会的結婚の重要な要素です。また、女性の場合、よく言われる結婚相手の条件に「収入や学歴、社会的地位が高い」「ルックスがいい」などがありますが、それらは全て「社会的結婚」にまつわる条件に過ぎません。その人を配偶者とすることで社会的に得をしたり、認められたりするかどうかが基準です。そして、結婚は個人の問題だけでなく、家同士の結びつきの問題でもありますから、自ずと「社会的結婚」の比重が高まります。

統計によると、日本人の約8割は、一生のうちに一度は結婚を経験していることになりますが、結婚の3つのファクターを再認識してみると、そもそもこれら3つの条件をたった1人の相手で満たすことができている夫婦がどれくらいいるでしょうか？

もちろん、そんな恵まれた夫婦もいないわけではないと思いますが、多くの人にとっては、難しいこと。それが、結婚の現実と言えるでしょう。

それなのに、私たちは結婚に対する憧れが強いのは一体なぜなのでしょう？

結婚は「する・しない」の問題であるはずなのに、いつのまにか「できる・できない」の問題にすり替わり、自己肯定感を下げている女性に数多く出会ってきました。結局私たちは、今現在、結婚していようがいまいが、「社会的結婚」という結婚制度の「傘」の下にいるようなものかもしれません。

傘の下にいれば安心だけど、一歩傘から出れば雨に濡れる、と思い込んでいる。ところが実際には、傘の外には太陽がまぶしい青空が広がっている、ということは結構あるのです。この「傘」を「日本の常識」と言い換えてもいいかもしれません。

例えば、フランスでパートナーと共同生活を送ることになった場合には、「結婚」「パックス婚（税金や社会保障の面において結婚と同等の保障を受けられる連帯市民協約）」「同棲（法的拘束を受けない関係)」の3つの選択肢から選べるそうです。恋愛至上主義、つまり「精神的結婚」を重視しているフランスだからこそ、こうした選択肢があるのでしょう。

では、日本に住む私たちは、結婚をどう捉えていけばいいでしょう。

- **結婚制度に組み込まれ、それを全てとして生きていくのがいいのか?**
- **結婚制度を方便として、それを活用しながら人生設計すると割り切れるのか?**
- **結婚制度の枠組みを外し、それを超えた奔放な生き方を選ぶのか?**

この3つの問いかけをしていくことで、自分自身と「結婚」がよりよい関係性であるための、ちょうどいい立ち位置を見つけていくことになりそうです。

ただ、断捨離とはもともとヨガの思想が出発点であり、既成の観念に常に揺さぶりをかけていく、というスタンス。自分が無意識に取り込んだ観念や価値観が、無自覚のまま自分を縛っている事態を最も憂います。

それに気づくための方法の1つが、海外への旅。

結婚観に代表される常識や価値観が、じつはドメスティックな問題に過ぎないことは、ちょっとでも傘の外に出ればわかるはず。〝日本人的結婚〟という観念に対し、もう少し自在な位置を見つけられるかもしれません。と同時に、日本に暮らすありがたさも味わうことになるかもしれませんが。

こうしたことを踏まえた上で、結婚という〝冒険〟に挑むなら、住まいと同様に「夫婦」の関係を日々メンテナンスしながら、維持していくことが肝要です。そう、**大切なのはメンテナンス。つまり、毎日の家事を通してのケア、愛情表現ですね。**

「家事」をごきげんにする

掃除、洗濯、炊事、片づけ……と、家事にもいろいろあります。

女性が主にその役割を担っていますが、今や国を挙げて、男性も家事や育児に参加することを促進している時代です。

では、そもそも家事とは何でしょうか？　本来は「**命を育む大切な仕事**」です。間違っても「家事労働」ではないし、時給換算で価値を測るような作業でもない。また、家族のためにやるだけでなく、自分のためにすることでもあります。

そう考えると、**家事とは家庭内の新陳代謝**ではないでしょうか？「家事が面倒」と言う人は「生きていくための新陳代謝が面倒」と言っているようなものです。では、なぜ家事を面倒と感じてしまうのでしょうか？

かつて私も「家事が好き」とは言い切れませんでした。その答えは明解です。当時はモノが多かったから。モノが多かった分、煩雑な手間も多く、「面倒くさい」という思いがベッタリ付いて回っていたから。

しかし、**選び抜いたモノだけで構成された空間であれば、時間も手間も惜しくないし、掃除、洗濯、食事作りまでもが愉しくなります。**

「家事が面倒」と感じている人ほど、「モノを絞り込む＝手間を省く」ことが、「家事を愉しむ＝ごきげんに生きる」ための最善で最短の道となります。

「終活」をごきげんにする

エンディングノート、生前整理……。終活ブームとなって久しい昨今。終活という言葉は、まるで後期高齢者の専売特許のようです。

私自身、高齢者の遺品整理の現場を数多く見てきて痛感するのは、「私たちはなんと多くの有形無形の〝不始末〟を抱えたまま、永遠の別れを迎えてしまうのだろう」ということ。

それ自体を否定する気は毛頭ないのですが、はたして、老年に差し掛かってから「終活」を意識すればいいのか？　というと、いささか疑問なのです。

そんな時、がんの終末医療の医師による、こんな意外な言葉が思い起こされます。

「がんはある意味、幸せな死に方。

心臓発作や脳卒中のように突然亡くなるわけではない。

死を迎えるまでの間、体力の続くまでやりたいことができる。

死を迎えるまでの間を、精一杯生きられるのだから」

大いに納得がいくのと同時に、残念ながら私たちは、突然死によっていきなり最期を迎えることもある、というのもまた真実です。

しかも、必ずしも老年に差し掛かってから死を迎えると決まっているわけではない。「人生に悔いはつきもの」とはいえど、せめて、悔いのないようにと精一杯目論《もくろ》み、生きていくこと自体が「終活」ではないかと思うのです。

終活というと、遺産の生前分与とか、葬式や埋葬をどうするか、そういう目立った事柄に目が行きがちですが、日々の暮らしの身近なところで、その都度始末をつけようとする姿勢こそ、大切です。

私たちに必要なのは「いつかその時のために……」ではなく、常に「その時々」の生き方です。押入れに、クローゼットにモノを突っ込んだままであれば、どんなに終活に励もうと、不機嫌を抱えたまま死んでいくことに等しいのですから。

年齢を問わず、健康であっても病気であっても、それぞれが「今」を、いかにごきげんに、精一杯生きるか。そのために誰もができることが、住まいのガラクタを手放していくことなのです。

私たちの終活は、押入れに詰まった忘却グッズ・執着グッズの断捨離から始まるのです。

“転居しない引っ越し”で新しい自分に会える

断捨離には2種類あります。

1つは、**リセットとしての断捨離**です。

モノで溢れている状態から、モノを「要・適・快」にまで絞り込んでいきます。大量の忘却グッズと執着グッズとの戦いであり、気力・体力を消耗します。「今日は、冷蔵庫を片づけるぞ!」といった目標を立て、ある程度の頑張りが必要です。

もう1つは、**ケアとしての断捨離**です。

モノはある程度絞り込まれた段階にあり、その状態を維持するためにその都度、住まいの“垢《あか》”を落としていくような感覚です。ケアの段階まで来ると、頑張りは不要で、むしろ「断捨離は愉快《ゆかい》」という境地になります。

日々、体が代謝していくように、住まいも代謝をしていきますが、それにも、単位があります。それは、次のようなものです。

「1日」「1週間」「1ヶ月」「季節」「半年」「1年」

例えば、一般的に衣替えは春と夏に行いますが、その時に手放す衣服というのは、「季節」単位で出る不用品ということです。我が家では、全てのタオル類を年末に入れ替えるので、これは「1年」単位で出る不用品ということになります。

もちろん、「1日」単位で出る不用品もあるわけですが、多くの人はそれを捨てることを怠るために、年末の大掃除の際に「せーの」で取り組む大事業になるのです。

我が家では、そういう意味での大掃除はありません。なぜなら、日々のリセットによって「1日」単位で出る不用品は取り除かれているため、大掃除は「掃く・拭く・磨く」（P93）だけで済みます。

多くの方は、今はまだ「リセットとしての断捨離」の段階にいるかもしれませんが、

断捨離の醍醐味《だいごみ》は、むしろ「ケアとしての断捨離」の段階に至ってこそ発揮されます。

なぜなら、

- **モノとの付き合いが愉しく、心地よいものになるから**
- **モノが厄介者ではなく、味方になってくれるから**
- **胸いっぱい呼吸したくなる清々しさが訪れ、空間も味方になってくれるから**

この境地に至ると、多少散らかっていても「ああ、すぐに元に戻せるし」という心の余裕も出てきます。

よく「片づけを習慣化する」という表現を耳にしますが、断捨離では「習慣化」ではなく「**自然化**」と表現するほうがしっくりきます。**「リセットとしての断捨離」で「出す」を徹底すれば、あとは自然と住まいを心地よい状態に戻せるサイクルへと入っていけます。**

- **「出す」とは、当たり前の命の営みに戻ることだから**
- **「出す」とは、自然に立ち返ることだから**

多くの人にとっての断捨離とは、この、とことん「出す」を意識した「リセットとしての断捨離」なのでしょう。そんな断捨離をこれから始める方によく申し上げるのは、**「断捨離とは〝転居しない引っ越し〟ですよ」**ということ。

どういう意味かお分かりでしょうか？ これは、同じ場所に居ながら、同じ住まいに居ながら、まるで引っ越しをしたかのように、住空間が、自分自身が、ドラスティックな変化を起こしていける、ということ。

もちろんそのタイミングは、ゴールデンウィークでも夏休みでも、長い休みが取れる時でいいと思います。あるいは、そうした休みが取れなくとも、ピンと来た時がチャンス。自分自身の人生に再び輝きを取り戻すべく、住空間をクリエイトしていく。そんなイメージで、コツコツと時間を見つけて励む人も少なくありません。

徒労感いっぱいの「片づけ」ではなく、**空間の次元を上昇させるような〝転居しない引っ越し〟によって、同じ住まいであっても見る光景はガラリと変わり、新しい自分に出逢えるのです。**

必要なモノは、必要な時に、ちゃんと得られる

私が取材やセミナーで、何度も受けてきた質問に「捨てて困ることはありませんか?」というものがあります。この質問に対して私はいつもこう答えます。

「どうぞ捨てて、困ってみてください」

断捨離を進めていく中で、捨ててしまって困るようなことも起こるものです。しかし、それがどの程度「困ること」なのかは、あまり深く考えていません。過剰なまでの執着グッズを抱え込むことで起こるデメリットへは、意識が及ばないのです。

- 「捨てて困る」と想定しているのは、あくまで「今」の自分

・「捨てて困る」というのは、加圧トレーニングみたいなもの

多少の負荷は、自分を信頼していくプロセスと考えます。常に「万が一」の保険を意識した生き方が当たり前になっている人にとっては、極端な考えと思われるかもしれませんが、私たちは何事も、失敗を通して気づいたことだけが身についていくものなのです。

実際、断捨離をして「捨てて困った」という方よりも「捨てたおかげで人生が輝きを取り戻した」という方のほうがはるかに多いのです。一時的に困ったとしても、「加点法」で前向きに愉しみながら断捨離を繰り返すうちに、「まあ、いいか！」という明るく楽天的な感情が湧いてくるようになります。

そしていつしか、「ないなら、ないなりに、創意工夫でカバーできる」「家に保管しておかなくても、必要なモノにすぐアクセスできる」「欲しいと思ったら、偶然友人がプレゼントしてくれた」など、「なくても大丈夫」な状況が増えていくうち、気づけば**「必要なモノは、必要な時に、ちゃんと得られる」**という確信を持つことができ、人生を自在に、ごきげんに生きていくための〝筋力〟が身についてくるのです。

「呼吸空間」を取り戻せば、ごきげんになれる

選び抜かれた大切なモノたちが丁寧にケアされている場に行くと、多くの方が「空間が軽やかに感じられる」「呼吸がしやすい」「思わず深呼吸した」とおっしゃいます。

私たちは学校で、「呼吸とは、酸素と二酸化炭素の出し入れ」と習いましたが、もし、呼吸がそれだけの存在であったとしたら、**なぜモノがいっぱいの空間で「息が詰まる」と感じるのでしょうか？** 物理的に空気が断たれているわけではないのに。

すでに述べたように、断捨離のルーツはヨガ。ヨガでは、呼吸を重視しますが、じつは、ヨガにおける呼吸の捉え方の中に、断捨離の真髄があります。

呼吸で大切なのはまず「吐く」ことです。「呼」とは「吸うを呼ぶ」を意味し、「吸う」より先に行うため、「呼吸」と言います。滞った空気を捨てることから始めるのです。

呼吸は「調和息」とも呼ばれ、無意識と意識の間で行われるもの。無意識と意識を「結ぶ」ような行為。 実際、生理学的な見地においても、呼吸とは、心臓の鼓動に代表されるような、無意識での自律神経系の制御下にありつつ、意識でコントロールできる唯一の生理機能と言われています。そして「ヨガ」の語源はサンスクリット語で「結ぶ」を意味します。つまり呼吸というものは、ヨガそのものを指す言葉といってもいいほどなのです。

では、「結ぶ」とはどういうことでしょう?

例えば、牛や馬は、自然にしていれば勝手に動き回って草を食べて生きていきますが、そのままでは、人間の役に立ってくれません。しかし、鋤《すき》や車を「結ぶ」ことで、人間の役に立つものに変えられます。つまり、「結ぶ」ことによって牛や馬の新たな価値を生み出すことができるのです。

ヨガ、つまり呼吸が目指すのは、この「結ぶ」です。

ただ闇雲に、本能のままに呼吸をしても、調和的で新たな価値を生むことはできません。モノも、呼吸と同様に出し入れをするものですから、同じことが言えます。過剰な欲のままにモノを取り入れるばかりでは、有用な価値を生まないのです。

ですから、**良質な「呼吸」をするためには、まず吐く**こと。生理学においても、呼気（吐くこと）を意識して深く行うことは、内臓系の働きを高める、つまり〝生きる本能〟を呼び覚ますことにつながると言われています。

断捨離では、それをあえてこう表現します。

「吐く」とは〝自力〟の行動。

生きることへ自らコミット（宣言）することと言ってもいいでしょう。とことん意識して「吐く（＝出す）」ことができれば、ごく自然に「吸う」ことができ、生かされる力も湧いてきます。すなわち、〝他力〟の境地に入れるのです。

ですからモノも、**出して、出して、出す……。**

そうすることで、「命のメカニズム」が取り戻されていきます。「見た目に整った住まい」を超えて、生き方の全てが変わっていくのです。

あなたの住まいは「呼吸空間」になっていますか？

モノが溢れた、詰まりきった住空間で「ため息」ばかりついていませんか？
掃除が行き届かず、ホコリとカビが舞う部屋を「息が詰まる」と嘆いていませんか？
モノを介した家族とのバトルの末に、「息が合わない」と感じていませんか？
ごきげんに生きるためにも、健全な「呼吸空間」を取り戻すのです。
断捨離で本来の「呼吸空間」を取り戻した方の実例をご紹介します。

体験談12

出して、出して、「ごきげんに生きる」を実感

半身麻痺《まひ》の夫と2人暮らしの由利子さん（仮名）が断捨離と出会ったのは、3年前。断捨離にどんどん関心が湧いてきたある朝、食料庫の中をごっそり断捨離し、さて……と冷蔵庫を開けると、なんと電気が切れて壊れていたそうです。そこで、食品はほぼ全て廃棄し、これを機にワンサイズ小さな冷蔵庫へと買い替えたのが最初の1歩でした。

次に、不要な食器とともに、3つあった食器棚の2つを処分しました。おかげ

でキッチン周りが広くなり、歩きやすくなりました。

また、カラダが不自由な夫のことを思い、身の回り品をそばに集めたり、コロ付きの椅子で座ったまま移動できるようにしていましたが、広くなってみると、違和感があります。夫に動けるようになってほしいのに、動かずに済ませるのは、親切のようで逆に不親切ではないかと、気づいたのです。

当時、2~3日おきに孫を連れて遊びに来ていた次女は、来る度に変わっていく実家にびっくり。2人の来客が泊まれる分だけあればいい、と寝具を絞り込み、衣服も精査した結果、タンス1棹《さお》を手放すことになりました。

「モノが減り始めると、捨てられないと思い込んでいたモノまでもガラクタに見えてきた」と由利子さん。「そのうちネットオークションで売ろう」と思っていた〝後ろめたさの証拠品〟を、ばっさばっさと手放す快感。それでも、最後まで捨てられなかったのは本。数万円の壺は捨てられても、1冊1500円の本は捨てられず、捨てるくらいなら売ってお金にする……と思っていたそうで、その量30年分。結局、半分くらいを図書館に寄付しました。

由利子さんは「まだ途中です」と言うものの、生活の快適さは格段に向上。

久しぶりに訪れた長女の「玄関に入ったとたん、空気が違う」「呼吸がしやすい」という感想にも、変貌ぶりがうかがえます。その他、断捨離して起こった変化の数々は……

- 夫がリハビリに意欲的になった
- 娘たちが遊びに来ても、きちんと片づけて帰るようになった
- 掃除が楽しくなった
- 流しや食卓の上には最低限のものだけで、不要なモノが何もない
- いつ人が来ても困らないし、冷蔵庫も開けて見せることができる
- 自宅に帰るのが楽しみになった
- 「金運アップのため」のトイレ掃除も、キレイにすること自体が目的になった
- じわじわと体重も減ってきた

由利子さんは今、「断捨離でごきげんに生きる」をしみじみ実感しています。

今あるモノ・コト・ヒトをとことん慈しんで生きる

以前、僧侶であり宗教学者でもある方に、断捨離を次のように表現されました。

「誰もがいつか必ず大切なものを失う日がきますが、
ここ一番という時に諦めるのがなかなか難しい。
日々、捨てるトレーニングを重ねてこそ、
ここ一番の大きな苦悩である老いや病や死も引き受けられるでしょう」

「**断捨離とは究極的には、自分の死、大切な人の死を受け入れるためのトレーニングだ**」というのは仏法の専門家らしい解釈。なぜなら、私たちの死亡率は１００％。死は、私たちの最後に待ち受ける肉体の断捨離。どんな人だって避けて通れません。

「終活」の項目（P231）でも触れましたが、ふだん意識している、いないに関わらず、私たちは毎日、死へ1歩1歩近づいています。ですから、ある意味、毎日が終活であり、断捨離とは終活なのかもしれません。

そして、いつか「死」を迎えるのなら、今、この人生をごきげんに生きていくために身近な「執着」を手放すこと、つまり「出す」ことが欠かせない、というのが断捨離の立ち位置です。

ただ一方で、真逆の価値観も存在します。

• 出す、捨てる、手放す
• 入れる、拾う、所有する

もちろん、どちらも必要。どちらもあってこその「新陳代謝」。

しかし、突き詰めて考えれば、全てのモノは地球からの借り物です。だとすると、地球からすれば、私たちがモノを買った、もらった、と自分のモノだと思い込んでいることのほうが、思い違いなのかもしれません。

「所有」は結局、私たちの思い込みであり、人間社会のルール上のことに過ぎません。

モノは一時的な借り物であり、モノを所有しているというのが、物質の悠久の流れを切り取ったに過ぎないとすれば、そのかりそめの出会いを愛《いと》おしむように生きていきたい。そして、ご縁が終わりの時を迎えたら、潔く手放していきたい。

これはモノ・コト・ヒトの全てにおいて言えること。

私自身、モノを絞り込んでいくことで、その意識がだんだんと芽生えていきました。

モノが多ければ多いほど、扱いが雑になるものですが、それとは対照的に、**モノを絞り込んでいけばいくほど、今ここにあるモノをとことん慈しむ精神が芽生えてくるのです。**私も、「モノ・コト・ヒト」の1つひとつを大切にできている実感を日々噛み締めています。

ふだん忘れてしまいがちですが、私たちの生命は有限、時間や空間も有限、そして使えるエネルギーも有限。だからこそ、断捨離をするのです。

「出す」美学を追求し続ける

「エントロピー増大の法則（物事は秩序だった状態から無秩序の状態に進む）」ではありませんが、モノを手放したくない、手に入れたい、増やしたいという欲求は人間の本能に基づくものでしょう。

たしかに、知識も情報もモノも増やしていくことを好む生き方はありますし、かつてはそうした消費生活がもてはやされた時代もありました。もちろん好んで選択しているのであれば、それを否定するものではありませんが、もし、旅先のホテルの部屋がモノで溢れていたら、そこに気持ちよく泊まることができるでしょうか？

「泊まれる」と言う人はおそらく皆無でしょう。私たちは、よほど感覚が麻痺していないかぎり、すっきりした部屋のほうを快適と感じるはず。つまり、**「美しい空間にいたい」という欲求こそが本能であり、「生命がごきげん」という状態です。**

じつにシンプルな事実ですが、現代社会ではさまざまな観念、価値観が入り乱れているため、そうした生命の本能にとって心地よい住環境を自分や家族に提供できている人は決して多くはないようです。

その意味で、**断捨離は生命のごきげんの取り戻しとして存在していますが、「出す」ことに慣れてきたら、それまで以上に出す行動が洗練されていきます。**

ごく身近な例で言うなら、モノが絞り込まれていたら、ふだん出すゴミの量も減ります。ゴミ出しのありようすら、乱雑さからかけ離れていくのです。

そして、モノを手放す時、何らかの形で寄付をしたり、リサイクルしたりする行動も、無理なくできます。それも、自分と相手に最善の方法を考えるゆとりを持って。「すっきり、さっぱり、スマートに暮らす」という次元を超えて、さらに美しく、美意識高く、まさに「間」の達人、人生の達人という領域へ向かいます。生命のごきげんと同時に、空間との対話、美意識、洗練という領域へ。

断捨離とは「出す」ことを意識し、モノを、空間を、自分自身を洗練させ「今、ここ、私」を生きる「美学」なのです。

おわりに

この8年間、ひたすら「断捨離」を語っている。
この8年間、ただただ「断捨離」を伝えている。

そう、8年前、初めての著作『新・片づけ術 断捨離』を世に出して以来、それまでにも増して、日々、断捨離の実践に勤《いそ》しみながら。

そして今、私の「断捨離」は、世界中、日本のみならず、アジアで、ヨーロッパで、アメリカで、数え切れないほど多くの実践者を生みだしています。

思えば、これはありえない出来事なのかもしれません。それまで私自身の「生活哲学」にすぎなかった「断捨離」を人びとに伝え出したのは、今から17年前、2001年9月のこと。自宅のダイニングで、細長いテーブルを囲んでくれた僅《わず》か8名ほどの受講生からスタートしたのです。そして、それ以前の23年間は、誰も仲間がいない中、1人で、ただ自分のためだけに「断捨離」の試行錯誤を繰り返していました。いえ、実際は、試行錯誤とはほど遠い右往左往をしていただけなのかもしれません。

とはいえ、おずおずと「断捨離」を発信しだした17年前も、私には妙な確信がありました。いわば、何の根拠もない「断捨離で世界は変わる」という確信。これはまったくおかしな確信で、ただの妄想と言われればそれまでのこと、頷《うなず》くしかありません。けれど、もっと面白いことに、当時の受講生は、私のこの冗談とも本気ともつかない言葉に誰1人として笑うことはありませんでした。

「断捨離」へのこの確信は当初からあったものの、17年前、肝心な私自身は自信に満ち溢《あふ》れていたのかといえば、そんなことはありません。自己肯定感とは全く無縁なまま低いセルフイメージの中を漂っていたのも事実です。

そんな心許《こころもと》ない有様ながら、やがて、私の「断捨離」は、実践と気づきを深める人びとから、逆にたくさんの栄養をもらって大きく逞《たくま》しく成長を遂げることになります。

そして、繰り返し受講し、友人を連れてきては受講し、家族にも聞かせたいと受講した人びとが、断捨離を広めたいとそれぞれの地域に招いてくれるようになりました。

こうして、私は、各地をセミナーで飛び回るようになり、それが、出版の縁とも繋《つな》がり、日本のみならず台湾、中国、ヨーロッパ各国でベストセラーとなり、今や、海外から講演やインタビューに招聘《しょうへい》される機会も増えました。

そう、私の人生は、大きな変化、想像すらしなかった変化を遂げていると言うしかないのです。つまり、欠落していた自己肯定感など、それ自体を憂うことすら斟酌《しんしゃく》することもなくなるほどに。だとしたら、私が産み出した「断捨離」はとても親孝行といっていいでしょう。親である私を、日本各地、世界各国へと誘ってくれるのですから。そして、それまでなら決して会うことのなかったはずの卓越した人物たちに友人として迎えてもらえるのですから。

けれど、また、この「断捨離」は、放蕩《ほうとう》息子であることも否めません。各地をメディアに乗って旅するうちに、さまざま誤解を生じさせ、振り撒《ま》きもします。もちろん、それも致し方ないこと。何かしらの新しい価値観を伝えようとすれば、そこに抵抗をもたれることは当たり前。また、受け取る側のフィルターで曇らされることが多々あるのも自然なこと。まして「断捨離」は、言葉に強い響きがありますから。

こうして私は、「断捨離」をあえて〝日常の新しい「片づけ」メソッド〟として、提供する道を選びました。本当に高い哲学性をもった言葉であるならば、それが、日々の生活の場に落とし込まれなければ意味がない、という信念があったからです。

それは、「断捨離」が、ただの「片づけ術」と見なされてしまう危険も多分に孕《はら》んでいましたが……。でも、そのおかげで、「片づけ」を入口として、人生の高みへと繋げる断捨離の螺旋《らせん》階段を登り始めた人びとが、それこそ、何十万、何百万といます。

かつて、私のためだけだった生活哲学「断捨離」は、私の「生き方の実践哲学」へと進化すると同時に、誰にでも実践可能な「人生を変える断捨離」として哲学となり、「美学」へと進化し続けています。

それは、とても有難いこと。

そして、常に新陳代謝を繰り返す「命ある断捨離」を、本書でまた原点に立ち返りながら、あなたにお届けできることに、いっぱいの喜びを感じています。

やました ひでこ

［著者］
やました ひでこ
クラター・コンサルタント。一般財団法人「断捨離®」代表。
早稲田大学文学部卒。学生時代に出逢ったヨガの行法哲学「断行・捨行・離行」に着想を得た「断捨離」を日常生活の「片づけ」に落とし込み、誰もが実践可能な自己探訪メソッドを構築。断捨離は、思考の新陳代謝を促す発想の転換法でもある。「断捨離」の実践的メソッドは、現在、日本のみならず海外でも、年齢、性別、職業を問わず圧倒的な支持を得ている。初著作『新・片づけ術 断捨離』（マガジンハウス）を刊行以来、著作・監修を含めた多数の「断捨離」関連書籍がアジア、ヨーロッパ諸国でも刊行され、累計400万部のミリオンセラーになる。現在、書籍の出版はもとより、Web・新聞・雑誌・TV・ラジオ等さまざまなメディアを通して精力的な発信活動を展開している。
◆やましたひでこ断捨離塾
http://www.yamashitahideko.com//sp/CP_YDJR/
◆やましたひでこ公式サイト「断捨離」
http://yamashitahideko.com/
◆やましたひでこオフィシャルブログ「断捨離」
https://ameblo.jp/danshariblog/
◆断捨離オフィシャルFacebookページ
https://www.facebook.com/dansharist

＊「断捨離®」は、やましたひでこ個人の登録商標。

人生を変える断捨離

2018年２月21日　第１刷発行
2025年４月７日　第10刷発行

著　者――やましたひでこ
発行所――ダイヤモンド社
〒150-8409　東京都渋谷区神宮前6-12-17
https://www.diamond.co.jp/
電話／03·5778·7233（編集）　03·5778·7240（販売）
装丁――――水戸部 功
本文デザイン・DTP――ISSHIKI（デジカル）
イラスト――いだりえ
編集協力――三枝陽子
校正――――東京出版サービスセンター
製作進行――ダイヤモンド・グラフィック社
印刷――――加藤文明社
製本――――ブックアート
編集担当――平城好誠

ISBN 978-4-478-10456-9